황초령 순수비 탁본(왼쪽)과 마운령 순수비 탁본(오른쪽)

흥덕왕릉 비문의 일부(위)와 김인문 비(아래)

홍덕왕릉 비문에서는 성한星漢을 태조라고 지칭한다. 한편, 김인문 비에는 '태조한왕太祖漢王'이라는 글이 들어 있다.

고려 인종의 책문, 국립중앙박물관 소장

고려의 국왕은 사후에 시호와 묘호, 능호를 올렸다. 인종의 책문을 보면, 고려 초기에 형제끼리 왕위를 계승하는 사례가 비일비재했어도 조선에서와 같이 묘호를 둘러싸고 왕권의 정통성 논쟁은 일어나지 않았다.

현재의 종묘

종묘의 건립과 사례四禮의 실천은 종법 원리를 근간으로 했다. 왕실에서 이름 올리기를 적극적으로 시행한 것도 종법질서의 체계를 바로잡기 위한 것이다. 이름은 이를 위한 명분이었으며, 이름을 올림으로써 왕실의 정통성과 질서 및 안정을 도모할 수 있었다.

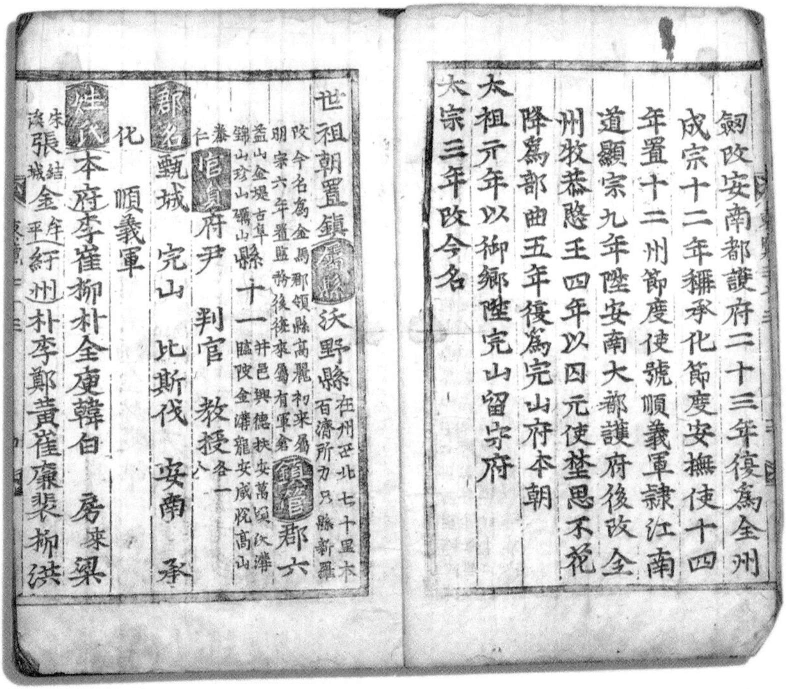
翎改安南都護府二十三年復爲全州
成宗十二年稱承化節度安撫使十四
年置十二州節度使號順義軍隷江南
道顯宗九年陞安南大都護府後改全
州牧恭愍王四年以囚元使埜思不花
降爲部曲五年復爲完山府本朝
太祖元年以御鄕陞完山留守府
太宗三年改今名

世祖朝置鎮【屬縣】沃野縣在州西北七十里本百濟所力只縣新羅改今名爲金馬郡領縣高麗初來屬明宗六年置監務後復來屬有軍倉【鎮管】郡六益山金堤古阜錦山珍山礪山縣十一臨陂金溝龍安咸悅高山井邑興德扶安萬頃沃溝泰仁【官員】府尹 判官 教授各一人
【郡名】甄城 完山 比斯伐 安南 承化 順義軍
【姓氏】本府李崔柳朴全庾韓白 房 來 梁 宋結年 張 金 平城 紆州 朴李鄭黃崔盧裴柳洪

『신증동국여지승람』

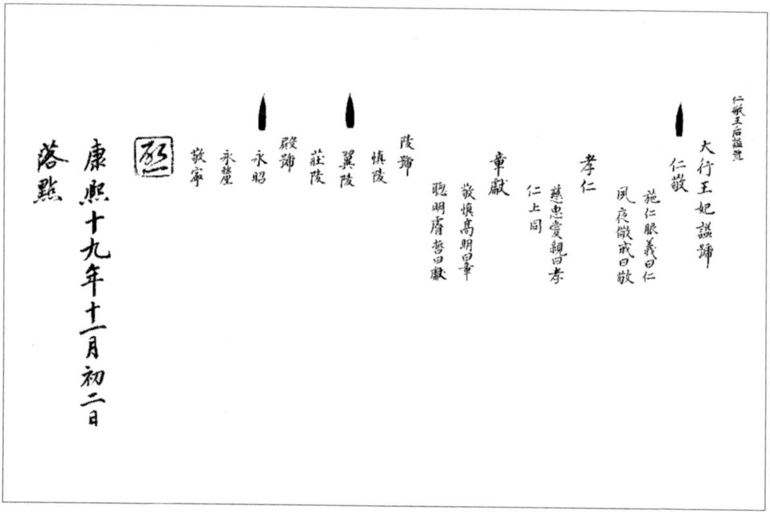

仁敬王后謚號

大行王妃謚號

仁敬

施仁服義曰仁

夙夜儆戒曰敬

孝仁

慈惠愛親曰孝

仁上同

章獻

敬慎高明曰章

聰明睿哲曰獻

陵號

愼陵

翼陵

莊陵

殿號

永昭

永慶

敬寧

康熙十九年十二月初二日

落點

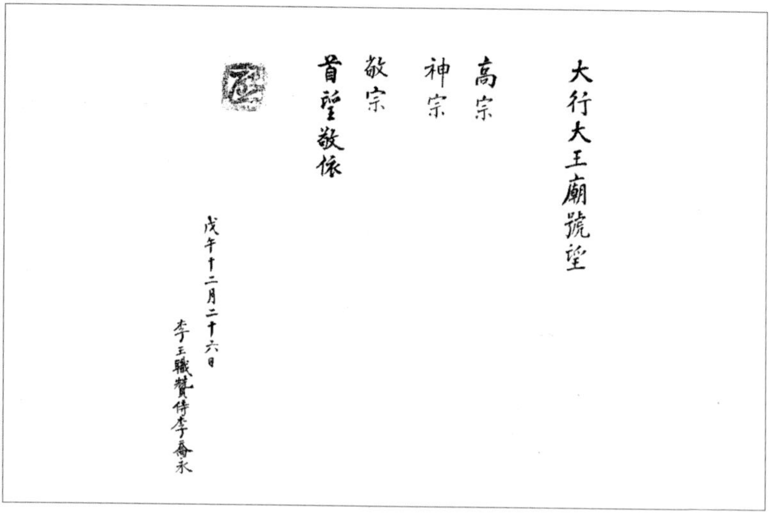

大行大王廟號望

高宗

神宗

敬宗

首望敬依

戊午十二月二十六日

李王職贊侍李喬永

인경왕후의 시호, 능호, 전호 삼망단자(위)**와 고종 묘호 삼망단자**(아래)

인경왕후의 삼망단자에는 숙종 6년에 숙종이 낙점한 표시가 있다.
한편, 고종 묘호 삼망단자에는 낙점 표시를 하지 않고 수망으로 하라는 명을 적어놓았다.

고종 황제 어진

원구단 옛 모습(위)과 신문에서 바라본 황궁우(아래)

왕의 이름, 묘호

07 키워드 한국문화

왕의 이름, 묘호

하늘의 이름으로 역사를 심판하다

임민혁 지음

문학동네

차례

머리말

국왕의 다양한 이름들

사람들은 이름 가지기를 좋아한다. 전통시대의 조상들은 이를 더욱 선호하는 경향이 있었다. 국왕들도 예외는 아니어서 그 종류가 매우 다양했다. 자그마치 아명兒名, 원명原名, 자字, 호號, 존호尊號, 시호諡號, 묘호廟號, 전호殿號, 능호陵號 등 10여 가지에 이른다. 대부분의 이름은 그 가치와 의미가 특별했다.

자는 성인식인 관례 때 지어주었다. 자를 지어주는 이유는 성姓과 명名으로 구성된 이름을 공경하기 때문이다. 이름은 누구나 함부로 부를 수 있는 것이 아니었다. 임금과 아버지만 이름을 부르고 다른 사람들은 자를 불렀다. 사람들에게 주어진 고유의 이름은 조상과 가문의 존귀함과 당사자의 존엄함을 표상하는 의미를 담고 있었다. 임금과 아버지 외의 사람들이 이름을 함부로 칭할 수 없는 이유가 여기에 있다. 그리하여 다른 사람들이 부를 수 있는 별명으로 자를 지어주었던 것이다.

국왕은 세자에 책봉되면 이름을 정했다. 이때 이름을 지어준 이유는 조상을 모신 종묘와 사직에 세자 책봉 사실을 아뢸 때 필요했기 때문이다. 대신과 육조 당상관들이 원자元子, 아직 세자에 책봉되지 않은 임금의 맏아들의 이름을 짓고자 빈청賓廳, 조선시대에 신하들이 모여 회의하던 곳에 모였다. 그러나 그 일은 신하들에게만 맡길 일이 아니었다. 그들은 이름의 글자 수와 부수를 국왕에게 여쭈었다. 고종은 흙 토土 변이 들어간 한 글자로 정하라고 명했다. 이를 놓고 신하들이 의논하여 올린 삼망三望, 추천한 세 이름은 척坧, 전㙉, 지坁였다. 고종은 그중에서 첫번째 글자를 낙점하여, 세자의 이름은 척이 되었다.

그렇다고 자를 하찮은 이름에 불과한 것으로 보면 곤란하다. 관례는 어린아이의 뜻을 버리고 어른으로서 예를 따라 덕을 이루는 시초를 상징하는 의례였다. 따라서 자는 이제 막 선비가 된 이에게 지어주는 이름이었다. 덕을

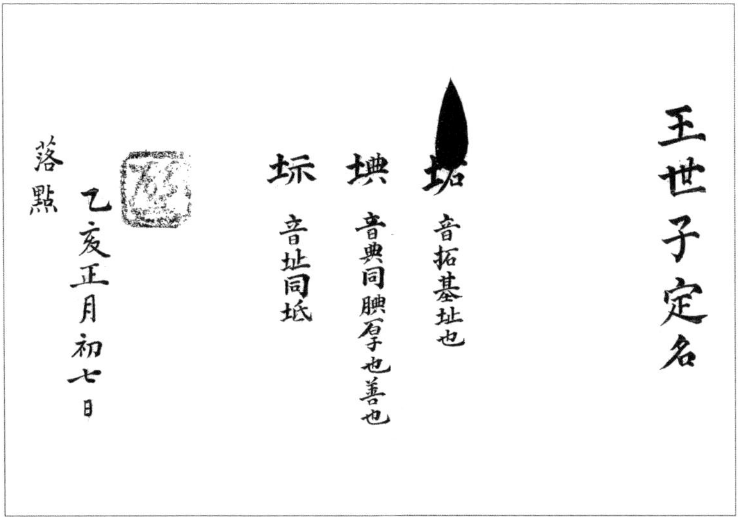
王世子定名
坧 音拓基址也
㙉 音典同腆厚也善也
坁 音址同坻
乙亥正月初七日
落點

왕세자 정명定名 삼망단자 | 국왕은 조상을 모신 종묘와 사직에 세자 책봉 사실을 아뢰기 위해 세자의 이름을 정했다.

이루어 군자가 되기를 희구하는 선비의 예는 국왕이나 양반이나 관례에서 시작되었다. 이때 지어주는 자는 그래서 덕을 나타낸다고 했다.

존호와 묘호, 전호, 능호는 국왕과 왕비에게만 주어지는 이름들이다. 존호는 국왕과 대비 등을 포함한 왕비가 살아생전에 받는 이름인 데 반해, 나머지는 승하한 후에 올리는 이름이다. 전호는 상중의 빈전殯殿, 국상國喪 때 상여가 나갈 때까지 국왕이나 왕비의 관을 모시던 전각과 혼전魂殿, 국왕이나 왕비의 국장國葬 뒤 약 2년 동안 신위를 모시던 전각 그리고 국왕의 위패를 모신 사당을 두루 부르던 이름이며, 능호는 시신을 안치한 무덤의 이름이다. 물론 이 이름들은 왕명으로 널리 쓰이지 않았다. 왕명으로 늘 쓰이던 이름은 바로 묘호이다.

조선시대에 재위했던 스물일곱 명의 국왕은 저마다 고유의 왕명을 지녔다. 요즘 사람들은 태조니 세종이니 하고 부르는 이름들이 왕명인 줄 안다. 물론 왕명으로 이해해도 틀린 것은 아니지만, 본래는 묘호廟號 혹은 종호宗號라고 해야 맞다. 묘호는 국왕이 승하한 후에 올리는 이름이므로, 엄격히 말하면 일종의 시호諡號, 역대 국왕이나 4품 이상, 유현儒賢 등이 죽은 뒤에 그들의 공덕을 평가하여 올리는 이름이다. 시호는 국왕이 승하한 뒤에 올리는 이름을 가리키기 때문이다. 당시의 신하들도 태묘太廟니 중묘中廟니 하여 사당 이름을 태조와 중종을 가리키는 호칭으로 사용했다. 따라서 묘호는 사당 이름인 한편, 시호 혹은 왕명이기도 하다.

묘호는 『고려사』 등 역사서의 본기本紀, 역사서에서 왕의 사적事跡을 기록한 부분나 『조선왕조실록』의 국왕별 실록명에서 왕명의 제일 앞에 놓였다. 예컨대 「태조강헌대왕실록」이나 「세종장헌대왕실록」에서 '태조'와 '세종'이 모두 묘호이다. 이처럼 묘호를 왕명의 대표격으로 사용하는 방식은 하나의 전통을 이루었다. 국가는 물론 개인이 펴낸 역사서에도 특정 왕대를 구분하거나 가리키는 방식으로 '태조조'니 '세종조'라고 쓰는 것이 일반화되었다. 이렇게 해서 묘호는 곧 왕명으로 널리 쓰이게 되었다.

묘호는 두 글자로 만들어졌다. 앞의 한 글자는 시자諡字로서, 시법諡法, 시諡로 사용할 수 있도록 정해진 글자에 따라 정하는 것이 원칙이다. 뒤의 한 글자는 종계宗系, 종가의 계통와 '조공종덕祖功宗德의 예제에 근거하여 붙이는 조祖나 종宗 중 하나를 쓴다.

그런데 조선시대에 동아시아문화권에서 조종祖宗의 묘호는 중국 황제만 사용할 수 있는 것으로 인식되었다. 조선의 국왕은 제후로서 칭왕을 해야 했다. 중국의 황제만 동아시아권의 유일한 천자로 받아들여지던 그 당시, 조선의 국왕은 중국에서 내리는 시호에 왕王자를 붙여 '모왕某王'이라 칭해야 하는 것이다. 조선의 국왕과 유신儒臣들은 이를 충분히 인식하고 있었다. 하지만 그들은 여러 논란 속에서도 조종을 붙인 묘호를 계속 사용했다. 국가의 안정된 기틀을 마련하고 예치의 이상사회를 건설하려면, 국왕의 권위와 정통성 확립이 요구되었기 때문이다. 나아가 이는 중국에 대해 조선의 자존과 자주권을 지키는 길이기도 했다.

태조, 세종, 정조…… 요즘 사람들에게 퍽 친숙한 왕명이다. 두 글자로 이뤄진 묘호, 그 이름에는 요즘 사람들이 알지 못하는 많은 이야기가 담겨 있다. 국왕 생전의 공덕이 옳은가, 그른가? 국왕의 공덕 평가에 엄정했던 조상들의 역사의식, 왕권의 정통성 확립에 명운을 건 후대 왕들과 수많은 대신의 고심과 갈등, 국가와 사회의 존망 위기에서 치욕을 함께한 흔적들이 묘호에 새겨져 있다. 중국과 대등한 위치에서 당당히 조종祖宗을 칭한 옛사람들의 자존심 또한 그 안에 스며 있다.

오늘날 세상은 종적인 혈연의 계승 논리보다 횡적인 수평관계를 더 강조하는 시대가 되었다. 하지만 여전히 묘호에서 배울 점이 있다. 사람은 이름 남기기를 좋아하지만, 오히려 이를 두려워할 줄 알아야 한다는 것이다. 그 이름에는 역사의 철저한 평가가 수반되기 때문이다. 게다가 국왕의 이름은 국제 외교관계에서 국가의 정체성 및 자존을 세우는 일과 직결돼 있다. 묘호의 의미와 가치가 생명력을 갖는 것은 묘호가 정당한 명분과 역사성을 지니고 있기 때문이다. 개인이나 국가나 대내외적인 명분이 허울뿐일 때 그 명분이 끼치는 폐해는 끔찍하다. 그래서 위정자들이 명분을 위한 명분을 모색하고 추구하는 작태는 비판받아야 한다. 이러한 점에서 묘호는 되돌아보아야 할 교훈이며, 오늘날 우리에게 시사하는 바가 적지 않다.

2010년 12월
임민혁

1

삼국시대 국왕의 묘호

폐하와 전하는 지존한 존재를 가리킨다. 채옹의『독단』에서, 신하가 천자와 말할 때 감히 천자를 가리켜서 탓하지 못하기 때문에 폐하라 불렀다고 했다. 낮은 사람이 전각의 계단 아래에서 높은 사람에게 아뢴다는 뜻이며, 글을 올린다는 상서上書라는 말도 이와 같다. 전하도 이와 같은 의미인 것을 보면, 그 호칭을 쓰는 천자와 왕은 지극히 존귀하면서 성스러운 존재였다.

신라

신라의 왕명은 고유 왕호인 거서간, 차차웅, 이사금, 마립간 앞에 혁거세赫居世나 남해南解, 유리琉璃 등의 이름을 붙였다. 혁거세 거서간이라 한 것이 그 한 예이다. 혁거세는 즉위할 당시 열세 살이었다. 그때의 이름이 혁거세이므로 출생 후 지은 이름이 사후에도 왕명으로 계속 사용되었다. 그를 계승한 왕들도 같은 방식에 따라 칭해진 것으로 보인다.

남해 차차웅 3년AD 6 정월의 기록을 보면, 이때 비로소 시조묘를 건립했다. 그후 역대 국왕은 주로 즉위 직후의 정월에 여기서 제사를 지냈다. 이 시조묘에는 혁거세의 혼령을 모셨을 테지만, 묘호를 사용했는지는 알 수 없다. 이 시조묘는 곧 태묘太廟, 종묘로서 어디에 있었는지, 어떤 양식으로 만들어졌는지 알 수 있는 근거가 없다. 그렇지만 건국 초에 이미 시조묘를 건립하고 제사 지낸 것을 보면, 사당 제도에 대해 어느 정도 이해하고 있었던 것으로 보인다. 그후 아달라왕 17년170 2월에는 시조묘를 중수重修하기도 했다.

시조묘의 성격에 대해서는 소지왕 7년485 4월에 사당을 수호하는 호를

20가家로 늘린 사실에서 여러 가지를 추정할 수 있다. 이는 사당을 운영하는 데 드는 비용이 증가했음을 뜻하기 때문이다. 운영비는 왜 증가했을까? 혹시 사당의 확장 때문이라면, 시조 외에 역대 국왕을 함께 모심으로써 발생한 것으로 볼 수 있다. 그랬을 경우 역대 국왕은 어떤 원칙과 제도에 따라 모셔졌을 것이다. 혹은, 제사 지내는 횟수가 늘어났을 수도 있다. 어쨌든 시조묘는 설립 이래 꾸준히 유지 관리되어왔지만, 묘호를 사용했는지는 아직 알려져 있지 않다.

신라에서 시호에 왕칭을 시작한 것은 지증 마립간재위 500~514이 죽은 후부터이다. 『삼국유사』에서는 "이름은 지대로 또는 지도로이다. 시는 지증이라 했으니, 시호가 여기에서 시작되었다〔名智大路 又智度路 諡曰智證 諡號始于此〕"라 하고, 『삼국사기』에서도 "왕이 죽으니 시는 지증이라 했다. 신라에서 시법은 이때 시작되었다〔王薨 諡曰智證 新羅諡法始於此〕"라 했다. 지증왕이 죽은 후 신라에서는 최초로 시호를 올렸으며, 이때부터 신라의 시법이 시작되었다는 것이다. 이후 법흥왕이라든가 진흥왕 등 모든 국왕은 시호로 칭왕稱王했다.

그렇다면 시호 뒤에 붙는 '왕'이라는 글자는 어떻게 쓰이게 된 것일까? 지증왕 4년 10월에 신하들은 "예로부터 나라를 가진 분들이 모두 황제를 칭하고 왕을 칭했는데, 우리 시조께서 나라를 세우고부터 지금까지 22대이나 다만 우리나라 말로만 칭하고 아직 존호尊號를 정하지 않았으니, 이제 여러 신하가 한뜻으로 삼가 신라 국왕이라는 호를 올립니다"라고 한 바

황초령 순수비(왼쪽)와 마운령 순수비(오른쪽)

있다. '신라 국왕'이라는 명칭은 존호인데, 이를 지증왕에게 처음 올렸다는 것이다. 그 뒤로는 새로 즉위한 국왕에게 이 존호를 올리지 않더라도 생전의 국왕은 모두 '왕'이라 칭했다.

진흥왕의 황초령과 마운령 순수비568에는 '진흥태왕眞興太王'이라는 글자가 보이고, 『삼국사기』에는 그의 시를 '진흥'이라 기록하고 있다. 순수비는 재위 때 세운 것이다. 따라서 그 당시에는 생전의 왕명을 사후에 그대로 썼음을 알 수 있다. 중국 사서의 신라왕 책봉 기사를 살펴보아도, 진평과 선덕, 진덕 등이 모두 왕의 휘諱, 생전의 이름로 기재되었다. 다만 이 왕명

황초령 순수비 탁본(왼쪽)**과 마운령 순수비 탁본**(오른쪽) | '태조太祖'와 '진흥태왕眞興太王'이라는 글자가 새겨져 있다.

은 혁거세 등과는 달리 국왕으로 즉위한 후에 지어졌고, 사후에는 시가 되었던 것이다. 그러나 이 시가 묘호로 사용된 근거가 없으니, 정확히 말하면 시호이지 묘호라 부를 수는 없다.

그런데 신라의 왕호 가운데 종호를 사용한 왕이 유일하게 한 사람 있다. 바로 태종무열왕재위 654~661이다. 태종이라는 종호를 올린 것은 삼국통일의 공덕을 기리기 위해서였다.[1] 왕권이 불안정한 당시였지만, 무열왕은 친당 외교정책으로 당나라 태종과 긴밀한 우호관계를 추구했을 뿐 아니라 당나라의 문물과 제도를 적극 수용하기도 했다. 태종이라는 묘호는 이러한 사실을 배경으로 당나라 태종을 모방하여 올린 것이 아닐까 추측된다. 그런데 흥미를 끄는 점은 태종이라는 종호를 올린 일이 참람僭濫한 것으로 당나라의 문책을 받았다는 사실이다.

신문왕재위 681~692 때에는 조묘祖廟, 선조의 사당에 제사 드릴 때 올렸던 제문 내용이 남아 있다. 이 제문에서 언급된 제사 대상은 태조대왕과 진지대왕, 문흥대왕, 태종대왕, 문무대왕이다. 문흥대왕 용춘은 추존왕이기는 하지만, 태조와 직계의 4대조를 모신 오묘五廟, 제후 오묘 제도에 따라 태조와 4대조를 모신 사당의 형식을 갖추고 있다. 그런데 오묘 제도를 정했다는 시기는 혜공왕재위 765~780 때였다. 이때에 비로소 오묘 제도를 정하여 미추왕을 김씨의 시조로 삼고 시조당始祖堂 또는 대묘大廟라 했다는 것이다. 따라서 신라시대에 종묘의 존재는 분명히 확인되지만, 제도의 실체는 잘 알 수 없다. 혜공왕 이전의 종묘 제도는 시조묘를 설립하고 제사 드렸다는 사실만 확인할 수 있을 뿐이다.

그렇다면 미추왕을 태조라 칭했을까? 신라의 시조는 박혁거세이므로 그를 태조라 해야 할 듯하나, 그에 관한 기록은 보이지 않는다. 오히려 진흥왕 순수비에서 태조라는 용어가 발견되고 있다. 마운령과 황초령 순수비에 각각 "짐역수 당궁앙소태조지기 찬승왕위朕歷數 當躬仰紹太祖之基 纂承王位"와 "짐소태조지기朕紹太祖之基"라고 하여, "짐이 태조의 기업을 계승했다"라고 한 말이 나온다. 또 김인문 비에는 '태조한왕太祖漢王'이라는 글이 들어 있다. 흥덕왕릉 비문에도 성한星漢을 태조라고 지칭하는 한편, 흥덕왕은 그의 24대손이라고 했다. 이처럼 여러 금석문 자료에서 성한을 김씨 왕실의 시조라 하고 태조라 지칭하는 것으로 보아, 김씨의 시조인 김알지

흥덕왕릉 비문의 일부 | 성한을 태조라고 지칭하는 한편, 흥덕왕은 그의 24세손이라고 했다.

나 최초의 왕인 미추왕을 가리키는 것으로 추측된다. 태조는 김씨로서 최초로 봉해진 인군을 가리키므로 시조인 김알지보다는 미추왕으로 보는 것이 옳지 않을까 생각한다.

신라의 종묘 제도를 살펴보면, 지증왕은 시조가 내려와 태어난 곳인 나을奈乙에 신궁神宮을 세워 그를 제향祭享했다고 한다. 나을은 박혁거세가 태어난 곳이라고 하나, 남해 차차웅 때 이미 시조묘를 건립했다고 하니, 나을신궁은 곧 김씨의 시조인 미추왕을 모신 사당으로 추측된다. 게다가 혜공왕 때 오묘에 모셔진 태종대왕과 문무대왕은 백제와 고구려를 평정한 큰 공덕이 있다고 하여, 모두 대대로 헐지 않는 종〔世世不毁之宗〕인 세실世室, 공덕이 높아 불천위로 지정된 국왕의 신주를 모신 신실神室로 삼았다. 따라서 혜

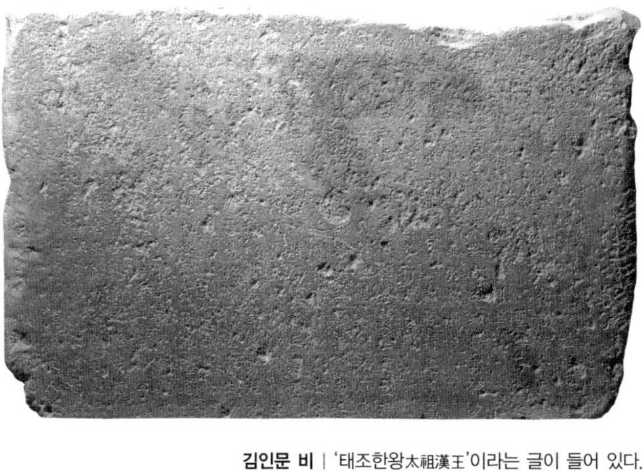

김인문 비 | '태조한왕太祖漢王'이라는 글이 들어 있다.

공왕 이후로는 오묘 제도에 따라 태조 외에 4대조를 모셨을 것이나, 그중 제2실과 제3실은 태종과 문무왕을 불천위不遷位, 4대代가 넘더라도 백세토록 철거하지 않는 신위로 모시고 나머지 2개 실은 왕위 계승관계에 따른 부묘祔廟, 삼년상의 마지막 절차로서 사당에 신주神主를 모시는 예와 체천遞遷, 4대 이상의 조상이 된 신주를 교체하여 옮김을 거듭했다. 그러다가 애장왕 2년801에 이르러 태종과 문무왕을 별묘로 옮기고 직계 4대조를 모심으로써, 오묘의 형태를 제대로 갖추었다.

이와 같은 종묘제의 운영 아래 신주의 사용은 불가피했을 것이다. 그러나 그에 관한 사실은 확인할 수 없다. 왕의 호칭도 왕 혹은 대왕이라 했으나, 『삼국사기』에는 진평왕을 전하라 하고, 『삼국유사』에는 신문왕을 폐하라 칭한 사례가 보인다. 폐하와 전하는 왕 혹은 황제의 별칭이다. 『당회요』에서 대중 23년에 정한 의제를 보면, 황제는 폐하, 지존至尊이며, 백관은 태황과 황태자에게 전하라 칭한다고 했다. 그렇지만 『사물본기』에서는 한나라 때부터 폐하와 전하를 구분하기 시작했다고 했으니, 그전에는 양 호칭의 지위상 차별이 없었다.

폐하와 전하는 지존한 존재를 가리킨다. 채옹의 『독단』에서, 신하가 천자와 말할 때 감히 천자를 가리켜서 탓하지 못하기 때문에 폐하라 불렀다고 했다. 낮은 사람이 전각의 계단 아래에서 높은 사람에게 아뢴다는 뜻이며, 글을 올린다는 상서上書라는 말도 이와 같다. 전하도 이와 같은 의미인 것을 보면, 그 호칭을 쓰는 천자와 왕은 지극히 존귀하면서 성스러운 존재였다.

이처럼 신라는 태조와 태종이라는 묘호와 폐하라는 칭호 그리고 독자적인 연호를 사용함으로써 중국을 포함한 주변국에 대해 황제국이요 자주국임을 표방하기도 했다. 이러한 국가의식은 그 뒤 고려에 적잖이 영향을 준 것으로 보인다.

고구려와 백제

신라의 시호 상정이 법흥왕 즉위 초에 시작되었다면, 고구려는 건국 초부터 시호를 사용하여 시기적으로 훨씬 앞섰다. 고구려의 시조인 동명왕이 이미 "가을 9월에 왕이 승하했다. (…) 동명성왕이라 이름했다〔秋九月 王升遐 (…) 號東明聖王〕"라고 한 바처럼, 그가 죽은 후 호를 동명성왕이라 했다는 것이다. 그리고 제2대와 제3대 왕은 각각 "호는 유리명왕이라 한다〔號爲琉璃明王〕", "호는 대무신왕이라 한다〔號爲大武神王〕"라고 하여 「신라본기」에서 '시왈모諡曰某'라고 한 것과는 기록상의 차이를 보이고 있다. 그런데 중천왕中川王 때에 가면 '호왈모號曰某'라고 기록했다. 이를 선시후호先諡後號, 시를 앞에, 호를 뒤에 써서 칭하는 제도 제도에 의거해보면, 동명성왕이라고 할 때의 동명성은 시요, 왕은 호라는 것을 알 수 있다.

고구려의 왕호는 신라와 백제도 마찬가지이지만, 중국 및 여러 나라와의 조공·책봉관계에서 이루어졌다. 대무신왕 15년AD 32 12월에, "사자使者를 한漢나라로 파견하여 조공하니, 광무제光武帝는 다시 그 왕호를 회복해 주었다"라고 한 사실이 그 한 예이다. 왕호의 책봉은 광개토대왕 때부터 본격적으로 이루어졌는데, 왕호라는 것은 곧 고구려왕이라는 칭호이다. 생전의 국왕을 대왕 또는 왕이라 칭한 것은 신라와 같다.

그런데 장수왕에게는 그의 사후에 시호를 장수왕이라 하고, 북위의 효문제孝文帝가 강왕康王이라는 시호를 내렸다. 이것은 장수왕과 효문제의 관계가 매우 밀접했기 때문에 가능했다. 장수왕은 재위 13년부터 스물여덟 차례에 걸쳐 사신을 파견하여 조공을 바쳤으며, 국휘國諱, 나라 이름을 높여서 칭하는 말를 청하여 하사받기도 했던 것이다. 이처럼 장수왕에게 시호를 내린 것은 예외적인 사례이다.

고구려에서 종호를 칭한 국왕은 제6대 태조대왕太祖大王이 유일하다. 태조대왕은 강력한 중앙집권국가 수준으로 국가의 기틀을 마련했다. 그 업적이 나라를 세운 것에 버금간다고 하여 태조 또는 국조國祖라 불렀다고 한다. 그런데 이에 못지않게 주목해야 할 점은 왕실 가계가 이후부터 해씨 소노부에서 고씨 계루부로 교체되었다는 사실이다. 『삼국사기』를 보면, "이에 선위하고 별궁으로 물러나 살았다. 태조대왕이라고 칭했다〔乃禪位 退老於別宮 稱爲太祖大王〕"라고 한 바와 같이 태조대왕이라고 칭한 것은 선위 이후의 일이다. 즉 그의 치적과 더불어 고씨 계루부의 초대 국왕이 태조이므로 그런 종호를 올린 것이 아닌가 생각된다.

고구려의 사당 제도에 관해서는 여러 기록이 있으나 단편적이어서 구체적인 내용을 알 수 없다. 대무신왕 3년AD 20 3월에 동명왕의 사당과 사직을 세웠다고 하고, 졸본卒本에 있는 시조묘에 제사 지냈다는 기록이 신대왕 3년 9월부터 역대 국왕에 간헐적으로 나타난다. 동천왕 21년247에는 "평양성을 쌓고 백성과 묘사廟社, 종묘와 사직를 옮겼다" 하고, 그후 중천왕 등이 또 졸본의 시조묘에 친히 제사 지냈다는 기록이 있다. 한편, 『양서梁書』에는 "고구려는 궁성의 좌편에 큰 집을 세우고 귀신에게 제사하고, 겨울에는 영성靈星, 하늘의 별신과 사직에 제사 지낸다"라고 했다. 이처럼 고구려는 건국 초기부터 이미 예제 건축의 도성 제도의 하나인 좌묘우사左廟右社, 왼쪽에 종묘, 오른쪽에 사직을 두는 제도를 실현하여 이를 유지시켜왔다고 볼 수 있다.

이 종묘에는 역대 국왕을 모셨을 것이다. 다만 묘호를 사용한 사례가 하나뿐이므로 그 외의 국왕들은 시호에 왕칭했을 것으로 생각된다. 당나라 이전에는 중국에서도 종법에 따른 묘호 제도가 아직 정착되지 않은 시기였다. 예제에 대한 이해가 부족했기 때문이라기보다는 그만큼 그 제도를 정착시킬 만한 국제사회의 안정과 정치사회적 조건이 형성되지 않았으므로 태조와 태종 정도의 묘호만 올릴 수 있었다고 본다.

백제는 온조왕 원년BC 18에 동명왕 묘를 세웠다. 제2대 왕인 다루왕과 그후의 여러 국왕이 시조 동명왕 묘를 배알했다는 기록은 있으나, 그 외의 기록은 없다. 신라나 고구려에서 국왕의 사후 호나 시를 올렸다거나 장지를 기록해둔 것과는 다른 점이다. 그저 『삼국사기』에는 '왕홍王蕻' 혹은 '홍蕻'으로만 기록되어 있다. 그러다가 동성왕이 죽자501 드디어 시호를 올리고, 이후의 역대 국왕은 시謚에 칭왕했다. 그중에서 위덕왕의 사례는 새로운 한 가지 사실을 전해준다. 위덕왕이 죽자 신하들이 시를 의논하여 위덕이라고 했다는 것이다. 그 당시에도 홍서薨逝, 국왕의 죽음을 높여 이르던 말한 국왕의 시는 신하들이 의논하여 올렸음을 알 수 있다.

2

황제국의 묘호를 사용한 고려

고려는 황제국을 자처했다. 태조 왕건은 천자로 칭해지고, 광종대 이래로는 황제의 칭호가 사용되었다. 천자는 고려의 군주가 천명을 받아 천하를 다스리는 하늘의 아들이라는 관념을 표현한 것이다. 당시 고려는 동아시아 국제질서 속에서 당당하게 한 축을 차지하고 있었다. 중국이 세계의 중심이라는 화이론華夷論에 입각해 주변국을 평정할 만한 강대국도 없었다. 이러한 국제환경 속에서 고려는 독자적으로 황제를 칭하기도 하고, 거란에서 고려왕을 황제로 책봉하기도 했다.

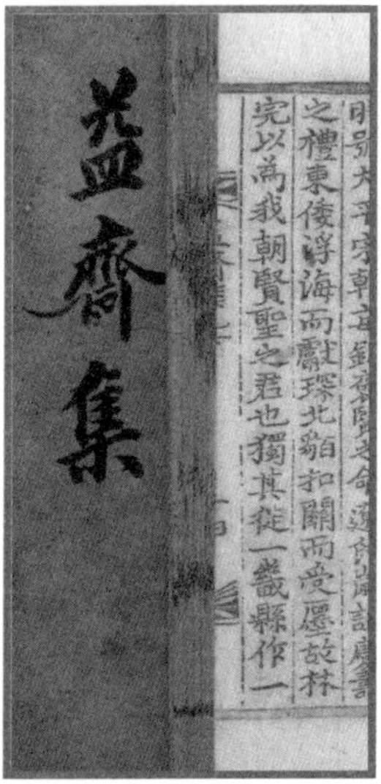
益齋集
之禮東倭浮海而獻琛北貊扣關而受廛故林
究以爲我朝賢聖之君也獨其從一畿縣作一

고려는 삼국시대 이래 사용해온 왕호와 묘호 제도를 체계 있게 정착시켰다. 원나라가 간섭하기 전까지 고려의 역대 국왕은 조종의 칭호를 붙인 종호를 사용했으나, 한편으로는 황제와 왕을 겸칭했다. 송나라나 거란과의 관계에서 동아시아 질서의 전형적인 책봉관계가 유지되고 있었으면서도, 왕건을 태조로 하고 그를 계승하는 역대 국왕은 종법을 철저히 적용하여 묘호를 올렸다.

고려의 국왕은 사후에 시호와 묘호, 능호를 올렸다. 기록의 미비 탓으로 이에 관한 구체적인 사실은 알 수 없다. 다만 현존하는 인종의 책문시호에서 그 뜻과 공덕을 찬미하는 글을 보면, 고려 초기에 형제끼리 왕위를 계승하는 사례가 비일비재했어도 조선에서와 같이 왕권의 정통성 논쟁은 일어나지 않았다. 아마도 종법에 대한 고려인의 인식이 희박했기 때문일 것이다.

고려는 황제국을 자처했다. 태조 왕건은 천자로 칭해지고, 광종대 이래로는 황제의 칭호가 사용되었다. 천자는 고려의 군주가 천명을 받아 천하를 다스리는 하늘의 아들이라는 관념을 표현한 것이다. 당시 고려는 동아시아 국제질서 속에서 당당하게 한 축을 차지하고 있었다. 중국이 세계의 중심이라는 화이론華夷論에 입각해 주변국을 평정할 만한 강대국도 없었

고려 인종의 책문, 국립중앙박물관 소장

다. 이러한 국제환경 속에서 고려는 독자적으로 황제를 칭하기도 하고, 거란에서는 고려왕을 황제로 책봉하기도 했다. 조종의 묘호 사용은 이러한 고려의 입장에서 볼 때, 매우 자연스런 일이었다.

그런데 문제는 대왕 혹은 왕이라는 호칭을 동시에 사용했다는 사실이다. 『고려사』 등에는 왕이라 기록하고, 왕이 죽은 뒤에는 대왕이라 불렀다. 「훈요십조」에서는 후세의 군주를 국왕으로 표현했다. 황제와 왕은 지위상

서열의 차이가 엄연한데, 이러한 현상이 일어나게 된 배경은 무엇일까? 종법상 제후諸侯는 물론 왕이다. 삼국시대에도 황제와 왕을 구별하여 왕을 칭했다. 그런데 고려에 와서 황제와 왕을 혼칭한 것은 그만한 이유가 있었을 것이다.

중국 고대 주나라가 건국되고 나서 무왕은 황제의 칭호를 폄하하여 왕이라 칭했다. 그후 제호帝號, 황제 칭호는 춘추전국시대를 거쳐 중원을 통일한 진시황 때에 와서야 논의되었다. 시황제 26년에 시법을 없애고 자신을 시황제라 칭함으로써 비로소 제호를 사용하도록 제도화했다. 따라서 시황제 이전까지 왕은 곧 천자를 가리켰다. 이러한 사실을 모를 리 없는 고려에서 왕을 왕이라 부른 데에는 황제의 지위를 갖는 왕호의 유제遺制를 수용하여 왕은 곧 황제라는 생각을 가졌을 가능성이 높다.

황제와 왕이라는 칭호를 함께 쓰게 된 배경이 이와 같을 수 있으나, 각 제도에서는 양쪽 지위를 이원적으로 적용했다. 먼저 황제의 지위를 나타내는 제도로는 황제의 상징 용어를 들 수 있다. 왕은 자칭 '짐朕'이었다. 그리고 왕의 말과 글은 '조詔'와 '선지宣旨'라고 했다. 차기 왕위 계승자는 '태자', 신하가 왕을 부르는 호칭은 '폐하'였다. 이것들은 모두 황제 고유의 용어이다. 국가 제사에는 천자의 예인 원구圜丘, 천자가 하늘에 제사 지내는 제단와 방택方擇, 천자가 지기地祇(땅귀신)에 제사 지내는 제단이 있었다. 반면에, 왕의 지위를 나타내는 제도로는 종묘의 오묘 제도제후인 왕이 태조를 비롯하여 직계 4대조의 사당을 갖추어 봉사奉祀하는 제도. 천자는 칠묘이다가 대표적이다. 그

외에 구류면九旒冕, 주옥珠玉을 꿴 아홉 줄을 늘어뜨린 제후왕의 모자. 천자는 열두 줄을 늘어뜨린다과 구장복九章服, 아홉 그림을 수놓은 제후왕의 의상. 천자는 열두 그림을 수놓는다 등 여복제輿服制, 임금 등이 타는 수레와 의복 제도 등에 잘 나타나 있다. 왕칭하고 제후의 지위에 걸맞은 제도를 정했다는 사실은 고려의 국가 지위에 대한 이중적 태도를 보여준다. 이것은 고려가 황제국이라 단정하기를 주저하게 만드는 요인이다.

고려시대에는 시조 왕건을 태조라 하고 이후 계승왕은 모두 종호를 사용하여 묘호의 제정에 종법의 원리를 철저히 적용했다. 그러나 원나라가 간섭하면서 묘호가 바뀌기 시작했다. 충렬왕부터 중국에서 시호를 내리는 사시賜諡가 단행되었던 것이다. 왕호 앞의 시자諡字에는 원나라에 충성을 맹세하는 충忠 자를 넣었다. 그리고 고종과 원종에게는 시호를 추증追贈, 사후 얼마간 시일이 지난 후에 소급하여 시호나 관직 등을 내리는 일하여 충헌忠憲과 충경忠敬이라 했다. 원나라는 고려에 대해 황제의 지위라 할 만한 어떠한 제도도 용납하지 않았다. 그리하여 이때 이후로 '짐'은 '고孤'로, '폐하'는 '전하'로, '태자'는 '세자'로, '선지'는 '왕지王旨, 왕의 명령문'로 명칭이 격하되고 말았다.

고려가 중국에 시호를 청한 청시請諡 시기는 원명 교체기 때였다. 원나라 간섭기에 고려에서 청시했는지 안 했는지는 알 수 없다. 『고려사』에는 원나라에서 시호를 내린 사실만 기록하고 있기 때문이다. 청시 사례는 우왕 때 처음 보인다. 공민왕의 시호를 우왕의 왕위 계승 승인과 함께 여러 차례에 걸쳐 명나라에 청한 것이다. 그러나 북원과의 외교관계를 여전히 유지하고 있는 고려를 못마땅하게 여기던 명나라는 이를 단호히 거절했다.

고려 사신을 통해 보내온 조서를 보면, 그 당시 명나라 황제는 대단히 화가 나 있었다.

> 그대들이 온 것은 간사한 자의 간계를 받아 가지고 부득이 와서 나를 속이려는 것이다. 이제 그대들을 돌려보내니, 가서 고려의 괴수에게 나의 말을 전하라. 그대들은 죄없는 우리 사신을 죽인 원수이니, 집정대신執政大臣이 와서 조회하고 매년 바치는 공물을 약조대로 하지 않는다면, 뒷날에 문책하는 정벌을 면치 못하리라.

명나라에서는 이런 식의 협박과 무리한 공물 요구로 고려의 청을 번번이 무시해오다가, 결국 우왕 11년 9월에 와서 '공민恭愍'이란 시호를 내렸다. 이후 청시의 예는 하나의 관행으로 자리잡아갔다.

고려 후기 사상계의 흐름은 성리학의 수용으로 일대 전기를 맞았다. 현실 개혁에 많은 관심을 가졌던 당시 사대부들은 불교와 사장詞章, 경학經學에 대하여 시문詩文 등의 글 중심의 유학을 비판하고, 성리학의 실천윤리를 강조했다. 특히 그들은 오륜五倫을 기초로 한 명분을 인간관계에서 반드시 지켜야 할 도리로서의 천리임을 내세웠다. 군신과 부자, 천자와 제후 사이에 주어진 직분과 분수에 충실하는 것이 자연의 이치라는 것이다.

〈익재 이제현 초상〉, 국보 제110호, 국립중앙박물관 소장

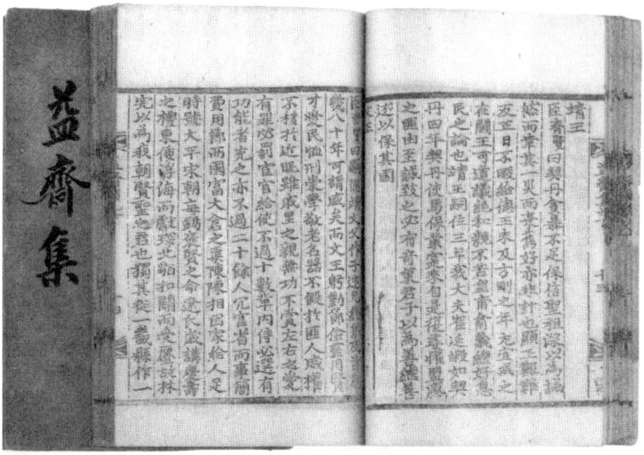

『익재집』 | 정종靖宗과 문종文宗이 정왕靖王과 문왕文王으로 고쳐져 있다.

성리학을 통해 주어진 직분과 분수를 강조한 그들의 입장에서, 고려의 묘호 제도는 자연의 이치를 거스르는 제도였다. 그리하여 익재 이제현李齊賢과 한산군 이색李穡은 역대 국왕의 묘호를 종宗에서 왕王으로 고쳐 썼다. 황제에서 왕의 지위로 스스로를 낮춘 것이다. '혜종'과 '정종'처럼 종호를 쓸 경우 이는 묘호이지만, '혜왕'과 '정왕'처럼 칭왕할 경우 이는 시호라고 하겠다.

그후 정도전도 종호를 모두 왕호로 바꾸었다. 그런데 왕호로 바꾸는 방식을 보면, 고려에서 올린 묘호의 시자에 왕 자를 붙였다. 고려에서 올린 시호에 왕 자를 붙여 칭왕할 수도 있었을 것이나, 이 방식을 채택하지 않았다. 혜종의 경우, 시호를 의공義恭이라 올렸지만 의공왕이라 하지 않고 혜왕이라 한 것이다. 원나라에서 시호를 내리기 전까지는 중국에서 시호를 내린 사례가 없기 때문이다. 예의 사대질서에 집착해 자발적으로 묘호를 바꾼 것은 고려나 조선이 중국의 제후국이라는 예제적 국가질서를 스스로 인정한 것과 다름없다. 그러나 이는 어디까지나 당대 동아시아 외교질서와 성리학의 이해 속에서 벌어질 수 있는 자기표현이다. 그렇지만 고려에서 종호 개칭을 공식적으로 채택한 적이 없었음은 다행스러운 일이다.

3

조선, 묘호로 예를 바로세우다

나라를 세우는 일은 태조의 고조인 목조로부터 시작되었다. 조선은 유구한 역사의 전통을 갖게 된 것이다. 고난의 길을 걸어온 4대조의 사적에는 천명과 인심이 모여 새로운 왕조의 창업을 예고했다. 따라서 조선 건국의 위대함과 정당성, 역사의 유구함은 태조의 4대조와 함께 향유되어야 했다. 그들을 왕으로 추존해야 하는 당위가 여기에 있었다. 왕으로서의 추존은 태조가 반드시 지켜야 할 효이며, 가장 먼저 해야 할 과제였다.

이름을 올려 나라의 정통을 세우다

조선은 유교를 국가이념으로 채택했다. 정도전鄭道傳, 1342~1398을 비롯한 건국 주체세력들은 유교이념에 바탕한 사회질서 구현을 지향했다. 태조가 즉위교서에서 제일 먼저 천명한 국가 성격은 예로 다스려지는 국가, 곧 예치국가禮治國家였다. 즉위교서의 첫번째 강령이 예치국가 건설의 기초라 할 수 있는 종묘와 사직의 건립이라는 사실을 보면, 그 지향점을 분명히 읽을 수 있다. 궁궐을 중심으로 왼쪽에는 종묘, 오른쪽에는 사직을 세우는 좌묘우사左廟右社 제도는 예치의 정치적 이상을 형태적으로 구조화하는 필수요건이기 때문이다.

이에 짝하는 또 하나의 강령으로는 네번째를 들 수 있다. 나라의 큰 법인 관혼상제를 실시하여 인륜을 후하게 하고 풍속을 바로잡겠다는 것이다. 이를 실천하기 위해 조정에서는 사당의 설치를 적극 권장했다. 예치사회에서 가家로부터 국國에 이르기까지 모든 질서와 권위는 사당에서 비롯되기 때문에, 국가와 사회를 유지하는 데는 사당이 무엇보다도 긴요했다.

종묘의 건립과 사례四禮, 관례, 혼례, 상례, 제례의 실천은 종법 원리를 근간

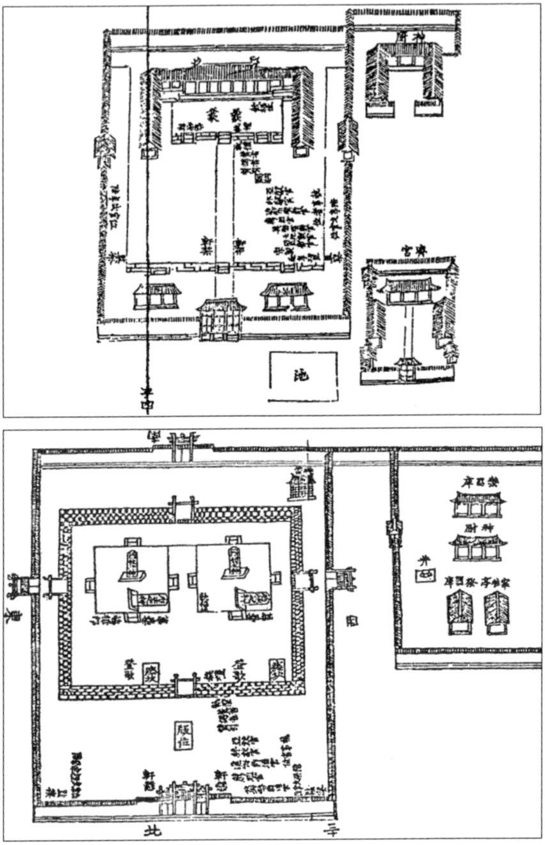

종묘(위)**와 사직단**(아래), **『국조오례의』 수록** | 궁궐을 중심으로 왼쪽에 종묘, 오른쪽에 사직단을 세웠다.

으로 했다. 왕실에서 이름 올리기를 적극적으로 시행한 것도 종법질서의 체계를 바로잡기 위한 것이다. 이름은 이를 위한 명분이었으며, 이름을 올림으로써 왕실의 정통성과 질서 및 안정을 도모할 수 있었다.

조선 왕조 탄생 직후의 이름 올리기는 조선 건국의 정당성과 태조의 정통성을 밝히려는 노력의 하나였다. 그 첫번째로 시도한 이름 올리기가 태조의 4대조를 왕으로 추존하는 일이었다. 태조의 4대조는 조선 건국 원년 11월에 왕으로 추존되었다. 이때 올린 시호가 목왕, 익왕, 도왕, 환왕이다. 효사관에 임시로 봉안했던 신주는 고려의 종묘를 헐고 지은 새 종묘로 옮겨 안치했다가, 조선의 새 수도 한성에 종묘가 건립됨에 따라 이곳으로 옮겨 모셨다.

그러면 왕실에서 이름 올리기에 열중한 이유를, 4대조를 왕으로 추존하면서 올린 책문을 통해 살펴보자. 황증조실皇曾祖室, 태조의 증조인 익조 신주를 모신 방의 책호문册號文, 시호를 올리는 취지와 뜻을 기리는 글을 보면, '조祖를 높이고 종宗을 공경함은 이름을 바꾸는 예절을 신중히 하는 것입니다'라는 글귀가 나온다. 오천호五千戶, 천호千戶, 증찬성사贈贊成事, 만호겸병마사萬戶兼兵馬使였던 4대조의 이름을 왕으로 바꾸었는데, 이러한 이름 바꾸기〔역명易名〕는 존조경종尊祖敬宗에 큰 예절임을 나타낸 말이다. 존조경종이란, 조종을 존경하는 윤리의식으로서 종법질서의 체계 확립에 토대가 되는 개념이다. 이는 왕실과 집안에서 행해지는 의례의 명분이며, 종법에서는 이를 가장 중시한다. 이를 근본으로 해야만 국가와 가문이 정통성을 갖출 수 있고, 적장자인 종자는 종통을 정당하게 계승해나갈 수 있다.

황조실과 황고실의 책호문에는 이름 바꾸기의 의미를 좀더 부연하고 있다. 전자에서는 "공功 있는 이는 조祖로 하고 덕德 있는 이는 종宗으로 하니, 효도는 어버이를 높이는 것보다 큰 것이 없고, 시호로써 이름을 바꾸

현재의 종묘

현재의 사직단

어야 하니, 예의는 마땅히 왕으로 추존함을 먼저 하는 것입니다"라고 했다. 종호를 올리는 것은 큰 효도 중 하나인데, 그 원리는 조공종덕祖功宗德이라는 것이다. 존조경종이 인간 본연의 심성에서 우러난 숭고한 감정의 표현이라면, 조공종덕은 인간의 감정을 예의로 규범화하여 사회조직 제도로 만들어낸 원리이다. 이 원리에 의거하여 이름을 시호로 바꿀 때는 왕으로 추존하는 일을 가장 먼저 해야 한다는 것이다. 이로써 4대조의 추존에 정당성이 부여되었다.

후자에서는 "나라를 세우고 집을 계승하매 효도는 왕으로 추존하는 것보다 먼저 할 것이 없으며, 시호를 보고 행실을 알게 되매 예의는 존숭하는 데 신중해야 될 것입니다"라고 했다. 나라를 세우는 일은 태조의 고조인 목조로부터 시작되었다. 조선은 유구한 역사의 전통을 갖게 된 것이다. 고난의 길을 걸어온 4대조의 사적에는 천명과 인심이 모여 새로운 왕조의 창업을 예고했다. 따라서 조선 건국의 위대함과 정당성, 역사의 유구함은 태조의 4대조와 함께 향유되어야 했다. 그들을 왕으로 추존해야 하는 당위가 여기에 있었다. 왕으로의 추존은 태조가 반드시 지켜야 할 효이며, 가장 먼저 해야 할 과제였다. 그렇게 해야 왕으로 추존하여 올린 시호를 통해, 4대조의 생전 행실의 공업功業이 후세에 길이 전해질 수 있는 것이다.

이처럼 태조의 4대조 추존은 종법을 바탕으로 효를 실천하는 행위였다. 돌아가신 어버이의 공덕을 높여 시호를 올림으로써 효라는 유교윤리를 몸소 실천하는 것이다. 그 효의 극진함은 왕실에서 어버이를 왕으로 추존하는 데 있다. 그런데 왕으로의 추존은 단순한 효의 실천 차원이 아니다. 중국 고대에 무왕이 주나라를 건국하고 나서 아버지를 문왕으로 추존하여 시조로 받든 것처럼, 조선을 건국한 태조가 4대조를 왕으로 추존한 일은 조선 건국의 정당성과 정통성의 기초를 다지는 정치행위이다.

태종은 사실 4대조의 칭왕이 국가와 왕실의 자존을 해친다고 보았다. 중국을 의식해, 묘호를 사용하는 것이 참칭僭稱이라고 에둘러대긴 했으나, 종호의 사용을 내심 바랐다. 고려 말에 왕호를 쓴 것은 원나라 간섭기에 불가피했다는 점을 잘 인식하고 있던 조선에서는 국가의 정통을 바로 세우기 위해서라도 이를 바로잡을 필요가 있었다. 조선은 명나라에 대해 독립적이면서 자주적인 국가의 긍지를 갖고자 노력한 것이다. 그리하여 태조의 4대조에 대해 태종 11년 왕을 조로 고쳐 올림으로써 목조, 익조, 도조, 환조가 되었다.

신하들 중에는 이러한 조치를 부정하는 이들이 있었다. 이 점은 후대에 사친私親, 왕이나 왕비가 아니면서 왕을 낳은 생부모까지 추존하며 심각한 정치적 갈등양상을 보인 것과 전혀 달랐다. 지신사 안등이 "태조께서 창업하고 목조穆祖는 현조玄祖, 증조의 아버지이니, 임금이라 이름할 수 없다"며 추존에 비판적 입장을 취한 사례가 그것이다.

묘호의 제정원리인 종법과 조공종덕

국왕의 이름은 함부로 짓지 못했다. 양반들도 각 가문별로 계통을 세워 가문의 질서를 체계화하고자 항렬자를 정하여 이름을 지었다. 묘호의 제정은 이보다 더 엄격한 원리를 적용했는데, 이는 묘호의 정치적 성격 때문이다. 국왕의 홍서薨逝를 당하거나 사서를 편찬할 때 국왕의 묘호를 어떻게 제정하고 기록할 것인가는 국가와 국왕의 정통성 및 지위와 직결되었다. 그 원리의 본질적 측면에서 보면, 묘호를 정하는 일은 정치 운명을 좌우할 만큼 파장이 큰 갈등요인이 될 수 있었다. 따라서 묘호의 제정원리인 시법을 보다 깊이 연구하여 제도적으로 확립시킬 필요가 있었으니, 그때가 세종 때였다.

당시의 시법을 소개한 자료로는 『시법총기諡法總記』가 있다. 이선李選, 1632~1692이 편집한 이 책에서는 시법의 시행과 의의, 변화 등을 살피고, 「역대시법석의歷代諡法釋義」라 하여 주공周公, 예법을 정비한 중국 주나라의 정치가. 문왕의 아들이며, 무왕의 아우 시법부터 소순[2] 시법까지 소개하고 있다. 특히 주공 시법은 시자諡字의 뜻을 다시 분명하게 해

「시법총기」 | 시법의 시행과 의의, 변화 등을 소개하고 있다.

석하고 『의례경전통해』의 시법과 비교하여 그 차이를 소개하고 있다.

이 책을 통해 보면, 세종은 무오년세종 20, 1438에 시법의 찬집을 명했다. 그 명에 따라 『사기』 『의례경전통해』 『문헌통고』에 실려 있는 기록들을 합하여 301자의 시자를 주조하여 인쇄했다고 한다. 주공단의 「시법해諡法解」에 실린 시자보다 거의 세 배나 많았다. 이러한 시법의 찬집은 이전부터 수행해온 연구가 바탕이 되었다. 세종은 동왕 13년에 "묘호를 봉해 높이는 사례를 집현전이 널리 옛글을 상고하여 아뢰도록 하라"는 명을 내린 바 있다. 집현전은 이때부터 시작하여 수년 동안 시법에 대한 연구를 진행했다. 세종 23년에 의정부에서 시법을 논하면서 중국 고전과 역사상 다양한 사례를 언급한 것도 이러한 연구와 시법서의 편찬을 배경으로 했다.

그러면 묘호의 제정원리를 살펴보자. 묘호의 제정원리는 종법과 조공종덕, 두 가지였다. 시자 뒤에 붙는 조와 종의 사용은 종법제에서 비롯되었다. 종법제에서 조와 종의 의미가 도출되고, 종법에 따른 왕위 계승관계에서 조와 종의 칭호가 결정되었다.

종법제 시행의 연원은 중국 삼대三代, 고대 중국의 세 왕조인 하夏, 은殷, 주周까지 소급된다. 이미 은나라 때에 종법제의 기원에 관한 흔적이 갑골문을 통해 밝혀지고 있고, 이것이 주나라로 계승되었다. 『예기』를 보면, "별자別子, 제후의 형제로서 그 가계의 시조는 조祖가 되고, 별자의 후예는 종宗이 되며, 별자의 아들을 계승하면 소종小宗이 된다"고 했다. 이 원리에 의하면, 별자는 제후의 적장자 외의 아들을 가리키는 지자支子이다. 적자는 제후의 위를 계승하나, 별자는 각지를 분봉받아 자기 가문의 조祖가 될 뿐만 아니라 동시에 각 나라의 경대부가 되었다. 혈연관계의 멀고 가까움에 따라 차등적으로 벼슬을 제수했던 것이다. 중국 주나라 때에 정착된 이러한 대종소종지법大宗小宗之法은 혈연관계에 따른 계승원리였으며, 수직적 계승관계를 형성하여 종법적 분봉제의 제도적 틀을 완성했다. 묘호의 조와 종을 결정하는 원리는 이러한 종법제에 근거한 것이다.

종법제에 근거한 예의 제도에는 조와 종, 종과 종 사이의 존비 등급과 원근 및 친소親疏관계의 기본원리가 내포되어 있다. 다시 『예기』를 살펴보면, "백세가 지나도 옮기지 않는 종이 있으며, 5세가 지나면 옮기는 종이 있다"고 했다. 별자를 계승한 종은 백세토록 옮기지 않는 불천위不遷位이며, 대종이다. 그리고 고조를 계승한 소종은 5세가 지나면 체천遞遷되었다. 불천위로서의 종은 그를 계승한 종에 대하여 조가 되는 근거를 가지며, 따라서 종은 조를 존경해야 한다. 여기에서 조와 종, 종과 종 사이의 존비 등급과 친소관계 등이 생겨났으며, 아울러 사당 제도상 세대수의 차등이 나타났다.

사당 제도는 천자를 정점으로 신분별 세대수에 차등을 두었다. "천자칠묘天子七廟는 삼소삼목三昭三穆[3]과 태조의 사당으로서 일곱이 되며, 제후오묘諸侯五廟는 이소이목二昭二穆과 태조의 사당으로서 다섯이 된다"고 한 것이 그것이다. 따라서 천자와 제후는 둘 다 태조를 모신 가운데, 천자는 칠묘, 제후는 오묘의 종묘를 두었다. 거기에는 태조와 그를 계승하는 각 묘

천자칠묘(『삼재도회』)

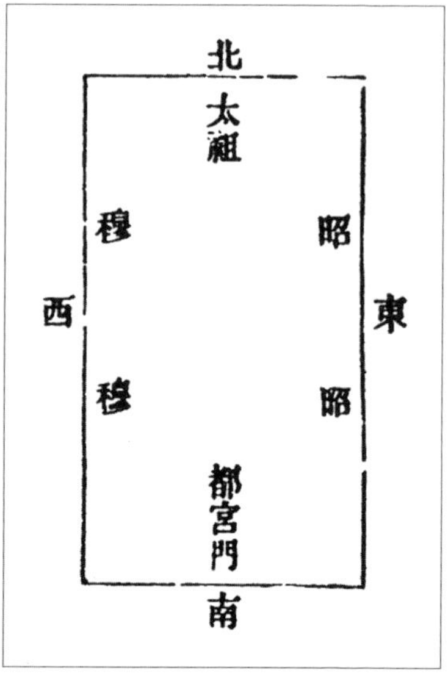

제후오묘(『문헌통고』)

사이의 조종관계가 성립되어 있었다. 이때의 태조는 처음으로 봉해진 인군人君이며, 시조는 태조로 불리고 그를 계승한 소목昭穆, 종묘에 조상의 신주를 모시는 차례[4]은 종이 되었다. 그러나 이러한 종법에 따라 묘호가 결정되는 것은 황제의 계통인 제통帝統에 한정되므로 제후의 왕통王統에서는 종호를 사용하지 못했다. 제통과 왕통을 구별짓는 존비 등급은 이미 종법에 규정되어 있는 것이다.

어쨌든 조와 종의 개념이 종법제에 근거했음은 분명한 사실이다. 왕조를 건국하여 일가를 세운 개국 시조는 자손들에게 영세불망永世不忘한 존재이므로 종묘에 모시고 백세토록 옮기지 않는다. 그러나 종자宗子, 대종과 소종의 계승자가 아닌 5세 이상의 선조는 대를 거듭할수록 현재의 자손들과의 관계가 소원해지기 때문에, 5세만 되면 옮기게 된다. 이러한 종법제 아래의 혈연 계승관계는 제도와 형식으로 고정되어 내려왔다. 가족관계에서뿐 아니라 국가의 정치 제도에도 그대로 확대 적용된 종법은 국가의 건설이 곧 일가一家의 성립과 직결되어 왕실의 계승관계를 밝히는 기본원리가 되었다.

한편, 공덕을 기준으로 왕호를 결정하는 예제도 중국 고대에 생겨났다. 이것이 이른바 조공종덕의 원리이다. 『사물기원事物紀原』을 보면, "왕이 공功이 있으면 조祖요, 덕德이 있으면 종宗이다. 유우[5] 때 처음으로 고양高陽, 중국 고대 황제黃帝의 손자인 전욱으로서 처음 고양에 나라를 세웠기 때문에 고양씨라 불림이 조祖가 되고, 요[6]가 종宗이 되었다"고 했다. 즉 유우씨와 하후씨우禹임금, 은인殷人, 주인周人은 그들의 직계 조상은 아니지만 전욱[7]에서 무왕에 이르기까지 씨족이나 국가의 창업과 발전에 공덕이 있는 인물들을 조종으로 삼았다.

주나라 이전의 조와 종에 대한 후대의 주소注疏, 경서經書와 고전古典의 원문에 후세 사람들이 붙인 해석이나 설명를 보면, "무릇 조란 창업하여 세세로 전한 데서 나온다. 종이란 덕이 높아 존숭받아서 그 사당을 옮기지 않는다. (…) 조란 조에 공이 있고, 종이란 종에 덕이 있어서 그 사당을 세세로 허물지 않는다"고 하여, 조공종덕의 관념이 체계화되었음을 보여준다.

이처럼 조와 종의 관념은 혈연관계를 넘어 정치사회적 의미를 갖게 되었다. 즉 조와 종은 왕의 공과 덕을 후세 사람들이 평가하여 묘호로 삼을 수 있는 근거를 마련한 것이다. 따라서 공의 비중을 높여 창업에 버금간다고 평가될 때에는 조를, 유덕자로서 국가를 수성守成, 조상들이 이루어놓은 일을 이어서 지킴한 공에는 종을 묘호로 삼는 제도가 생겨났다.

그렇지만 당나라 이래의 묘호는 종법원리를 준수하여 제정하는 것을 원칙으로 했다. 『문헌통고』를 보면, "부소자목父昭子穆은 상수常數로서 예禮이며, 조공종덕은 정해진 법이 없는 것으로서 의義이다"라고 했다. 부자가 소목으로서 대를 이어가는 종법은 불변 법칙으로서 예라 할 수 있으며, 조공종덕은 정치적 이해관계의 차원에서 적용되는 의리의 산물이라는 것이다. 따라서 묘호는 종법을 근본원리로 하는 예법이라고 하겠다.

시법

묘호는 시법諡法에 따라 결정되었다. 따라서 엄격히 말하면, 묘호는 시호諡號의 범주에 포함된다. 시법의 연원은 중국 고대 주나라까지 소급된다. 『사기』에 기록된 「시법해諡法解」를 보면, 최초의 시법은 주공단周公旦에 의해 만들어졌다. 주공단이 태공망太公望, 중국 주나라 초기 정치가로 속칭 강태공姜太公. 무왕을 도와 은나라를 멸하고 천하를 평정함의 공을 기려 시호를 올리고, 시법을 만들었다는 것이다. 그런데 시와 호의 의미를 밝힌 문장의 주를 보면, "옛날에 큰 공이 있으면 좋은 이름을 내려 칭호를 삼았다"라고 했다. 주나라 이전에 이미 시호라 칭할 수는 없지만 그 공을 칭송하는 호칭이 사용되었음을 알 수 있다.

주공단의 시법에는 각각의 뜻을 가진 시자諡字 103자가 정리되어 있다. 신神과 황皇, 제帝, 왕王, 공公, 후侯, 군君, 성聖, 명明, 문文, 덕德, 무武 등 각 시자는 사자성어四字成語로 그 뜻을 풀어놓은 해의解義를 부여하고 있는데, 공恭자는 아홉 가지 해의를 지녀 가장 많고, 문文과 영靈, 장莊이 여섯 가지로 그다음을 차지한다. 따라서 시자가 같더라도 해의가 달라지므로 취할 수 있는 시자는 모두 194자이다.

이 시법의 특징은 행적에 대한 평가를 선악으로 분별했다는 점이다. 그러므로 악행으로 폄하되는 시자가 포함될 수 있었다. 예를 들면, "사모하지 않고 사랑을 잊은 것을 자라 한다〔不思忘愛曰刺〕"라든가 "전의 잘못을 후회하지 않는 것을 여라 한다〔不悔前過曰戾〕"는 것 등이 그에 해당한다. 이러한 선악의 분별은 생전의 공덕뿐 아니라 과오까지 평가하려 했던 시호의 본의를 추측하게 한다.

시호는 본래 시와 호가 서로 의미를 달리하는 합성어이다. 시諡는 행위의 자취요, 호號는 공功을 나타낸다. 즉 시는 생전 행적을 함축적으로 나타내는 칭호라고 할 것이다. 그리하여 행동은 자기 스스로에게서 나고, 시호는 남에게서 난다고 했다. 『오경통의五經通義』에서도 "덕이 있으면 선시〔有德則善諡〕", "덕이 없으면 악시〔無德則惡諡〕"라고 하고, 또 "선에는 선시〔善有善諡〕", "악에는 악시〔惡有惡諡〕"라고 했다. 따라서 시는 죽은 이의 생전 행적의 선악을 살아 있는 이들이 평가하여 후손들의 교훈으로 삼고자 하는 포폄褒貶의 의미가 있다. 시를 들으면 그의 행적을 알 수 있다고 한 것도 그 때문이다.

시호의 진정한 의미와 가치는 다음과 같은 진술에 잘 나타나 있다.

> 벼슬과 상사賞賜는 비록 무거운 것이기는 하지만 그것이 후세까지 미칠 수 없고, 형벌이 비록 엄한 것이기는 하지만 한때를 경고할 수 있는 데 그칠 뿐이다. 그런데 미시美諡와 악시惡諡는 한번 정해지면 그에 따른 영욕榮辱의 이름이 영구히 지워지지 않기 때문에, 이것이 옛날의 성제聖帝와 명왕明王이 선을 표창하고 악을 증오하는 중요한 수단의 하나가 되었다.
>
> —이유원, 『임하필기』

시호를 내리는 일은 유교의 포폄이나 권선징악의 한 측면과 일맥상통하는 교훈적 가치를 지녔던 것이다.

시호는 하늘이 내리는 이름

시는 경대부卿大夫 이상의 지위에 있는 자들만 받을 수 있었다. 『주례』에서는 태사太師가 대상大喪을 관장하는데 고수를 거느리고 생시의 행적을 진술하여 구柩, 시신을 넣는 널를 만들고 시諡를 짓는다고 했다. 태사太史, 음률을 관장하는 춘관 소속 관직명는 소상小喪, 경대부의 상을 관장하고 시와 뇌문을 내리며, 소사小史, 나라의 기록과 제帝의 세계世系, 소목의 분변 등을 담당한 춘관 소속 관직명는 이를 읽는다고 했다. 그리고 제후가 죽으면 신자臣子들이 그의 행적을 추적하여 왕에게 보고하고, 왕은 제후를 장사 지내는 곳에 대신을 보내 시를 내린다고 했다. 『백호통白虎通』에서는 "천자天子가 죽으면 제후가 남교南郊, 남쪽 교외에 있는 하늘에 제사 지내는 제단에서 시를 올린다"고 하고, 또 경대부가 늙어 죽으면 시가 있는데, 그것은 존비尊卑를 구별하고 유덕有德을 표창하는 것이라고 했다.

이처럼 신하, 혹은 태자가 왕이나 천자에게 보고하는 것은 천자에게 시를 받았음을 밝히고자 하는 것이다. 대개 자식이 아비를 논할 수 없고 신하가 왕을 논할 수 없기 때문에, 천자의 시는 하늘로부터 받는다고 하고 신하의 시는 왕으로부터 받는다고 한다. 신하가 남교에서 시를 올리는 것은 천자가 시를 하늘로부터 받았음을 나타내는 형식을 빌리고자 한 것이다. 그리고 경대부와 제후의 상에는 대신들이 의논하여 결정한 시를 왕에게 보고하고 나서 시를 내렸다.

뇌사誄辭, 조상弔喪하는 글도 시와 같은 성격과 의미를 담고 있다. 『예기』에서 "천자는 하늘이 뇌사한 것을 칭한다"고 했다. 그런데 "천한 자가 귀한 자의 뇌문을 짓지 못하고, 연소자가 연장자의 뇌문을 짓지 못한다〔賤不誄貴 幼不誄長〕"고 하여, 귀천과 장유가 그 명분을 저버리고 거꾸로 뇌사하는 일은 부정했다. '제후상뢰諸侯相誄, 제후가 서로 뇌문을 지어 조상하는 일'하는 일도 예禮가 아니라고 했으니, 제후의 뇌사는 상위의 신분인 천자가 행해야 할 일임을 밝히고 있다. 뇌는 그 덕행을 누누이 열거해 칭송하는 것으로 시호를 결정하기 위한 것이다. 천자가 죽으면 하늘을 지칭하여 뇌문을 짓고, 경대부가 죽으면 제후가 뇌문을 지었던 것이다.

종묘의 신주에 깃든 이름

묘호는 말 그대로 사당 이름이다. 국왕의 사당은 종묘이다. 종묘의 각실에는 신주를 모시고 있다. 그 신주에는 묘호를 써놓았다. 태조의 신주를 보면, '유명증시강헌태조지인계운성문신무대왕有明贈諡康獻太祖至仁啓運聖文神武大王'이라 쓰여 있다. '유명증시강헌'은 명나라에서 내린 시호인 강헌을 말하며, '태조'가 묘호이다. '지인계운'은 존호이며, '성문신무'와 '대왕'은 시호이다. 따라서 태조의 신주를 모셔놓은 실이나 태조를 가리킬 때, 태조묘太祖廟 혹은 태묘太廟라고 한다.

신주에 글씨를 쓰는 제주題主는 국왕의 육신을 매장하고 난 직후에 행한다. 이는 유교의례에서 국왕뿐 아니라 모든 사람이 행하는 공통된 절차이다. 육신은 땅으로 돌아가고, 정처 없이 떠도는 혼령은 제주함으로써 이 신주에 깃든다고 생각했다. 위판은 향탕香湯, 향을 넣어 달인 물으로 목욕시키고 수건으로 닦은 후 마르기를 기다렸다가 그 위에 글씨를 쓴다. 이 신주를 모시고 돌아와 혼전에 봉안奉安, 신주나 화상畫像을 받들어 모심했으니, 이것이 우주虞主이다.

우주는 홍서薨逝한 국왕의 첫번째 기일인 연제소상 때를 맞아 운명을 다한다. 이때 다시 쓴 신주를 연주練主라고 한다. 국왕의 혼령은 우주에서 연주로 옮겨 깃드는 것이다. 이 연주를 삼년상 마지막 절차인 부묘祔廟, 삼년상이 지난 뒤 그 신주를 종묘에 모시는 일 때 종묘의 감실龕室, 사당 안에 신주를 모시는 방에 모신다. 반면에, 우주는 연제가 끝나는 대로 요여腰輿, 혼백과 신주 등을 싣는 작은 가마에 싣고 종묘로 가서 연주를 봉안할 정전의 실 바로 뒤편에 있는 북계北階에 묻었다. 이 계단은 사람이 오르내리는 층계를 말하는 것이 아니고, 높이 쌓은 축대 모양이다.

우주는 어떤 절차를 거쳐 매안埋安, 땅에 묻어 안치함했을까? 정조 원년 3월에 행해진 사례를 살펴보자.

국가나 집안의 길흉사를 거행할 때에는 우선 그 사유를 사당에 아뢰는 고유告由를 한다. 이때에도 우주 매안을 고유하는 제사를 영조의 혼전인 효명전에서 3월 2일에 행했다. 그날 해가 뜬 후 이미 길한 시간으로 정해

종묘의 북계 | 연제가 끝나면 운명이 다한 우주는 종묘의 북계에 묻혔다.

진 때에 우주를 매안할 광혈壙穴, 시신이나 신주를 매장할 구덩이을 팠다. 종묘 서령종묘의 행정관청인 종묘서의 종5품 벼슬 정형신과 부봉사정9품 벼슬 심경석, 분차 선공봉사임시로 차출된 선공감의 종8품 벼슬 민하상, 상지관풍수지리를 전문으로 하는 임시 벼슬 안사언이 사토장흙을 다루는 장인 등을 거느리고 와서 광혈을 여는 작업을 감독했다. 광혈은 4~5척쯤 되었다.

4일에 광혈을 다시 맞춤하게 팠는데, 이때에는 깊이 6척 5촌약 179센티미터, 길이 7척약 193센티미터, 남북 너비 4척 5촌약 124센티미터이었다. 이튿날이 우주를 매안하는 날이었다. 연제를 파한 후에 혼전의 관원과 내시, 예조 삼당상三堂上, 판서·참판·참의를 이름은 우주를 모신 신여神輿와 세장細仗, 규모가 가장 작은 의장儀仗을 이끌고 종묘의 바깥 정문을 거쳐 들어갔다. 도제조육조에 딸린 정부 부서의 장長으로서 정1품의 겸직와 제조도제조 다음의 지위로서 종2품 이상의 겸직, 종묘서 관원은 먼저 대문 안에 들어가 공경히 이를 맞이했다. 우주는 동쪽 정문 밖에 설치한 포장에 임시로 봉안했다.

해가 뜰 무렵에 우주를 받든 관원은 정문을 거쳐 들어가 북계 아래의 악차幄次, 장막에다 봉안했다. 악차 안에서 우주는 유둔油芚, 이어 붙인 두꺼운 기름종이으로 싸고 흰 무명으로 묶어 외궤바깥 상자에 넣고, 백문석白紋席, 아무 무늬나 꾸밈새 없이 짠 돗자리. 민돗자리으로 싸서 작은 끈으로 묶었다. 그러면 이를 별감 4인이 흰 무명으로 받들어 구덩이에 내리는데, 남쪽을 향해 세워서 묻었다. 우주를 기대어놓는 의자 역시 백문석으로 싸고 가는 끈으로 묶어 궤 북쪽에 놓고 흙을 쌓아 모래로 덮었다.

따라서 종묘의 북계에는 이처럼 매안된 우주가 상당수 있을 것으로 추정된다. 임진왜란 때 왜군들이 이곳을 파헤쳤는데, 목주木主, 나무로 만든 위패와 교의交椅, 신주를 올려놓는 다리가 긴 의자, 신주를 넣어두는 상자인 독櫝 등의 조각들이 널브러져 있었다고 한다. 한때 국왕의 혼령이 깃든 신성한 상징물을 마구 훼손하는 모욕적인 일이 벌어진 것이다. 비바람이 치고 오랜 세월이 지나 이곳 담장이나 계단이 무너졌을 때에도 간혹 책편册片, 옥책이나 죽책 조각 등이 발견되기도 했다.

연주는 혼전에 모셔져 있다가 삼년상의 마지막 절차인 담제약 27개월째 지내는 상례의 마지막 제사가 끝난 후, 종묘의 시향설날 아침과 한식, 단오, 추석, 동지, 납일臘日에 지내는 제사 때 종묘로 옮겨 모셨다. 이를 부묘한다고 한다. 부묘의 첫 절차는 혼전에서 신주의 거둥을 고유하는 제사를 행하는 일이었다. 끝나면, 옥책과 금보금으로 도금한 임금의 인장 및 신주를 각각 요여와 연輦, 임금이 거둥할 때 타고 다니던 가마에 실어 종묘로 향한다. 세장細仗이 앞에서 인도하고 군사들이 시끄럽게 떠들고 방해하는 잡놈들을 통제했으며, 금도부장행로에 잡인의 침입을 막으면서 길을 틔우는 군관은 길잡이 노릇을 하면서 외인들의 침범을 막았다.

종묘에 도착한 신여는 종묘의 정문신문을 거쳐 들어가 부알판위祔謁版位, 합사하기 전 새 신주가 조상신을 알현하는 자리 남쪽에 신여를 내려놓는다. 부알판위 위에 욕석방석의 일종을 깔고 신주를 의궤에 기대어 북쪽을 바라보도록 놓는다. 섭좌통례통례원 소속의 정3품 당하관는 북향하여 "지금 길한 때에 아

종묘에 모신 태종 신주

무 호號 대왕을 함께 제사드리고자 알현하나이다"라고 아뢰어, 조상신들께 끄트머리 자리에 임하여 제삿밥을 함께 받아먹게 되었음을 인사드린다. 신주를 다시 실은 신여는 태계종묘의 상월대로 오르는 중앙계단으로 신만이 이용하는 신계神階를 올라가 새 감실에 신주를 안치한다. 그리하여 국왕의 혼령은 영원한 안식을 찾게 되고, 새로운 조상신의 세계에 통합됨과 동시에 부계父系 출신 집단의 구성원으로 이어져, 산 자들과 끊임없는 교유 속에서 사후의 삶을 살게 되는 것이다.

그러면 묘호를 쓴 이 신주는 어떤 모양이고, 어떻게 보관되었을까? 『국조오례서례』를 보면, 우주와 연주는 그 재질이 각각 뽕나무와 밤나무인 것이 다르고, 그 크기나 모양, 부속물들은 동일하다. 먼저 신주의 규격을 알

아보면, 크기는 길이 1척20센티미터, 사방 5촌10센티미터이다. 윗부분은 지름이 1촌 8푼3.6센티미터이며, 네 모서리는 각각 1촌 1푼2.2센티미터씩 깎는다. 몸체의 사방 네 모서리도 각각 1촌2센티미터씩 깎는다. 상하사방上下四方에는 구멍을 뚫어 통하게 했는데, 지름이 9푼1.8센티미터이다. 이 구멍은 혼령이 어디로든 출입할 수 있도록 하기 위해 뚫어놓은 것이다.

신주는 인간의 몸체를 형상했으므로 생전같이 앉아 있을 때 몸을 의지하던 안석을 만들어 혼령이 여기에 편안히 의지할 수 있도록 했다. 그 안석이 곧 의궤倚几이다. 의궤는 길이 2척 3촌46센티미터, 너비 7촌14센티미터, 두께 2촌4센티미터, 발의 높이 5촌10센티미터이다.

신주는 평상시 몸체를 노출시키지 않고 상자에 넣어 보관하는데, 그 상자는 내궤內匱와 외궤外匱로 구성되어 있다. 내궤는 윗부분이 비어 있으며, 외궤는 덮개가 평평하고 사면이 곧다. 받침대의 재질은 잣나무 판이다.

내궤와 외궤에는 그 바닥에 붉은 비단으로 만든 좌자座子를 놓았다. 이것도 역시 생전에 사용하던 방석을 모방한 것이다. 궤의 겉은 흰색의 생명주生明紬, 삶아서 익히지 않은 명주실로 짠 피륙인 백초白綃로 싼다. 신주를 모실 때에는 흰 모시로 만든 백저건白紵巾을 씌우며, 왕후는 청색 모시로 만든 청저건을 사용했다. 이 건은 관冠을 상징하는 것으로, 왕과 왕후의 지위를 나타냈다.

종묘의 각 신실에 신주를 봉안해놓은 곳을 감실이라고 한다. 각 실의 벽은 좌우로 천으로 된 발인 황색 우렴隅簾을 드리워서 막았다. 문미 위에는

종묘 감실 | 신실마다 신주를 봉안해 놓았다.

집 모형의 당가닫집를 설치했다. 구름무늬와 연꽃 모양을 조각하고 단청하여 아름답게 장식한 이 당가는 국왕이 거주하는 궁궐을 상징적으로 재현했다. 바닥에는 일종의 돗자리인 지의地衣를 깔았다. 전면에는 주렴을 드리웠는데, 평소에는 드리웠다가 제사 때는 걷는다.

감실은 역시 전면과 좌우에 황색의 명주천으로 만든 발을 드리웠다. 각 실의 벽막도 마찬가지로 황색을 사용한 것은 아마도 고종이 황제로 즉위한 이후가 아닌가 생각된다. 황색은 황제 고유의 상징색이기 때문이다. 그 안에는 신장神欌과 신탑神榻, 신답神踏, 책보장冊寶欌 등이 마련되어 있다. 신장은 북벽 정중앙에 놓여 있는데, 왕과 왕후의 신주를 모셔놓은 장롱이다. 전면에는 주렴을 드리우고, 신주를 놓는 바닥에는 세 겹으로 욕석褥席

을 깔았다. 신탑은 신장 앞에 놓여 있는 어탑御榻과 같은 구실을 하는 물건이다. 궁궐의 정전 북벽에 어좌를 놓기 위해 높이 시설된 어탑과 마찬가지로, 신탑 위에는 제사 때 왕과 왕후의 신주를 모셔놓는다. 신장과 신탑 사이에는 신이 신장에서 내려와 신탑으로 갈 때 밟고 오르내리는 용도로 설치된 신답이 있다. 이 신답은 댓돌과 같은 구실로서, 돗자리를 씌운 장방형의 모양이다. 책보장은 신장의 서쪽에 놓인 장롱으로, 금책과 옥책, 죽책, 금보, 옥보, 은보 등 책보를 넣어 보관하는 용도로 쓰였다.

묘호를 쓸 것인가, 시호를 쓸 것인가

조선이 건국되고 난 후, 대명외교對明外交에 있어서 조선은 명나라의 불안정한 국내외 정세로 표전表箋 문제[8]가 야기되는가 하면, 요동공벌계획이 논의되기도 했다. 이러한 일련의 사건은 조선의 국가이익과 독립성을 해치는 명나라의 요구에 정당하게 대처하려는 현실인식에서 출발했다. 하지만 그런 한편으로 사대관계의 유지 또한 불가피했다.

그 당시 제시된 사대론事大論의 내용을 보면, 정도전의 '예로써 대국을 섬긴다〔以禮事大〕'라든가, 태종이 "대국을 섬기는 것은 두려워해서가 아니라 예가 그러한 것이다"라고 하여, 사대는 예의 한 표현임을 언급하고 있다. 또 권근의 상소에서나 변계량의 「봉사6조」에서도 사대는 예의 상경常

經, 마땅히 지켜야 할 올바른 도리이라거나 존비尊卑와 같은 명분론으로 설명하고 있다.

따라서 사대는 유교의 명분론에 입각하여 예치의 국가질서를 구현하고자 하는 예적禮的 질서관秩序觀을 근본으로 했다. 묘호와 시호도 '천자가 시호를 내린다'는 예제의 원리에 따르는 것이 원칙이었다. 그러나 조선의 국왕과 관료들은 국가의례의 적용과 실천 면에서 황제와 제후의 의례 중 어떤 지위를 선택할 것인지에 대한 생각이 달랐다.

묘호를 올리는 일은 태조의 4대조를 종묘에 모시고 왕칭했다가 얼마 후 조祖로 고쳐 올린 것이 처음이다. 4대의 비妣도 동시에 모두 비妃로 추존되었다. 따라서 초기의 왕칭은 고려 후기의 왕칭을 계승한 것으로 보이지만, 태종조 이래로는 종호를 사용하기 시작했다. 종법에 의거하여 국가와 사회질서를 확립하는 일이 대내적으로는 중국에 대한 사대보다 시급하면서 중시되어야 할 과제였기 때문이다.

급기야 묘호의 참칭 여부에 대한 논란이 세종 연간에 이르러 제기되었다. 첫번째가 정종에게 묘호를 상정할 것인가 하는 문제였고, 두번째는 『고려사』를 개수하면서 왕칭을 어떻게 할 것인가 하는 문제였다.

고려의 왕명은 앞서 언급했듯이 이제현과 이색, 정도전이 종宗이라 일컫던 것을 왕이라고 고쳐 썼다. 이 사실에 대해 세종은 "그 종을 고쳐서 왕으로 일컬은 것은 사실에 좇아 기록할 것이며, 묘호와 시호도 그 사실을 인멸하지 말라"고 했다. 있는 사실 그대로 직서할 것을 주장한 것이다. 반

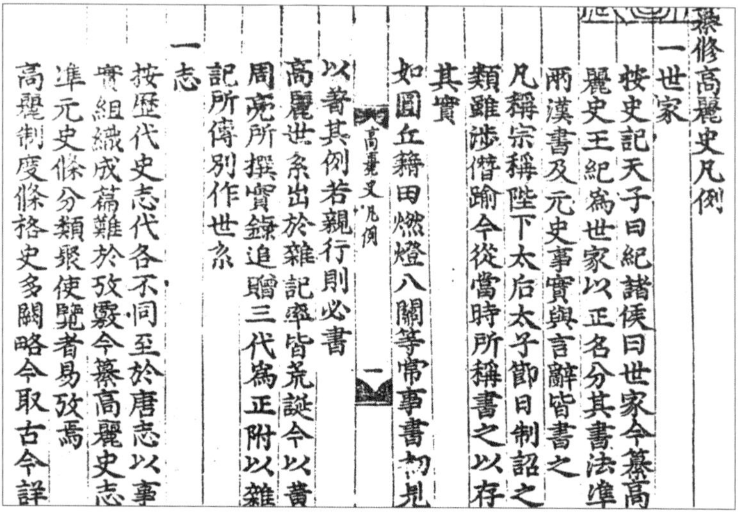
纂修高麗史凡例
一世家
按史記天子曰紀諸侯曰世家今纂高麗史王紀爲世家以正名分其書法準兩漢書及元史事實與言辭皆書之
凡稱宗稱陛下太后太子節日制詔之類雖涉僭踰今從當時所稱書之以存其實
如圜丘耤田燃燈八關等常事書初見以著其例若親行則必書
高麗世系出於雜記率皆荒誕今以黃周亮所撰實錄追贈三代爲正附以雜記所傳別作世系
一志
按歷代史志代各不同至於唐志以事實組織成篇難於攷覈今纂高麗史志準元史條分類聚使覽者易攷焉
高麗制度條格史多闕略今取古今詳

『고려사』 범례 | 「세가」에서 칭종稱宗 칭폐하稱陛下 등은 당시 칭하던 대로 쓴다는 서술원칙을 밝혀놓았다.

면에, 변계량은 정도전 이전에 이미 이제현과 이색이 종을 왕이라고 썼고, 주자가 강목을 지을 때 측천황후의 연호를 쓰지 않고 당 2년, 3년으로 썼다[9]고 하면서, 자신도 위로 주자의 필법을 법받고, 아래로 정도전의 뜻을 본받겠다는 의사를 피력했다. 정도전과 주자의 춘추필법을 본받아 포폄과 명분을 바로잡겠다는 것이다. 그러나 주자는 목目에다 측천무후의 연호를 기록했지, 정도전처럼 있는 사실을 고쳐 쓰지는 않았다. 이 부분에 대해서는 변계량의 오해가 있었으나, 그의 주장은 어디까지나 성리학의 정통론에 따라 기술해야 한다는 것이다.

이 문제를 재검토한 결과, 유관이 이것은 조중관계朝中關係에서 고려의 지위에 합치되는 것이니, 시호로 왕칭하는 것이 옳다고 보고했다. 그러나 세종은 다시 실록의 기록방식대로 묘호와 시호를 병렬하는 태조신성왕, 혜종의공왕이라고 써서 그 사실을 인멸하지 말도록 지시했다.

세종은 정종의 묘호를 논할 때, 조선의 독자적인 종호가 참람하다면서 올리지 않은 바 있다. 고려의 묘호를 인멸하지 말 것을 지시한 사실과 배치되는 조치가 아닐 수 없다. 다분히 정치적 의도를 가지고 정종의 묘호에 접근한 세종이지만, 사서의 편찬에서는 역사 사실의 직서를 강조하는 주체의 역사관을 가지고 있었다. 그렇다고 이러한 세종의 역사관이 성리학의 역사관과 괴리를 빚는 것은 아니다. 묘호와 시호를 병렬하도록 한 것은 오히려 시의에 맞는 절충안을 채택하도록 한 균형 있는 시각을 보여준 것이라 하겠다.

윤회가 지은 『고려사』 서문에는 "원종元宗 이상의 실록을 가지고 새 역사와 비교하여 종宗을 고쳐서 왕王이라 했고, (…) 같은 유類는 다시 당시의 실록 옛 문구를 좇았다"고 하여, 세종의 명에 의거했음을 밝혔다. 실제 편찬된 『고려사』의 범례를 보면, "무릇 종宗을 칭하고 폐하·태후·태자·절일節日·제制·조詔를 칭하는 따위는 비록 참람하기는 하나 지금 당시의 호칭을 따라 써서 그 사실을 남긴다"고 했다. 본문에서도 고려왕의 묘호를 범례의 규정대로 따랐다. 조선과 명나라의 예법상 관계를 고려하기보다는 고려 당시의 실록 서술방식을 그대로 채용한 것이다. 세종이 지시한 절충안도 택하지 않았다. 다만 체제에서는 『사기』의 필법에 따라 본기本紀가 아닌 세가世家에 국왕의 역사 사실들을 수록했다. 본기는 황제나 그에 준하는 인물의 사실들을 기록하는 편차이기 때문이다. 따라서 『고려사』는 고려 당시의 종호를 인정하여 수록함으로써 조선의 독자적인 예제의 실천 의지를 과시했다고 볼 수 있다.

전적典籍에 묘호를 쓸 것인가, 시호를 쓸 것인가의 문제는 『고려사』에 이어 성종 연간의 『동국여지승람』 편찬과정에서도 제기되었다. 동지사 김종직 등이 교정한 『동국여지승람』에 묘호를 사용한 것을 보고, 성종은 이것이 옛 습속이더라도 마음이 편치 않다면서 이 문제를 논의에 부쳤다.

김종직은 태조 이하의 묘호를 그대로 두어도 무방하다는 입장이었다. 그러나 성종은 고려에서 중국 조정에 대해 피하거나 꺼려야 할 것을 꺼리지 않고 일컬은 것은 옳지 않다면서 홍문관의 뜻을 물었다. 고려에서는 피휘避諱, 임금이나 부모의 이름과 뜻이 같거나 음이 같은 글자를 피하여 쓰는 예법하는 예법을 제대로 준수하지 않았다는 것이다. 이에 대해 홍문관에서도 고치는 것이 적당하다는 의견을 냈다.

그후 이 문제를 재검토하기는 했으나, 약 열흘 후 김종직이 다시 수정 불가의 견해를 밝혔다. "연혁과 건치建置 등의 곳은 고치기가 매우 쉽지만, 여러 능의 비명과 편장篇章에는 종자宗字로 운을 맞춘 것이 많아서 이런 것은 고치기 어려울 듯합니다. 또 우리나라에는 일찍이 서적을 편찬한 것이 많은데, 어찌 다 고칠 수 있겠습니까?" 그리하여 결국 그대로 두는 것으로 결말이 났다. 『신증동국여지승람』을 살펴보면, 서序와 발跋에는 묘호와 시

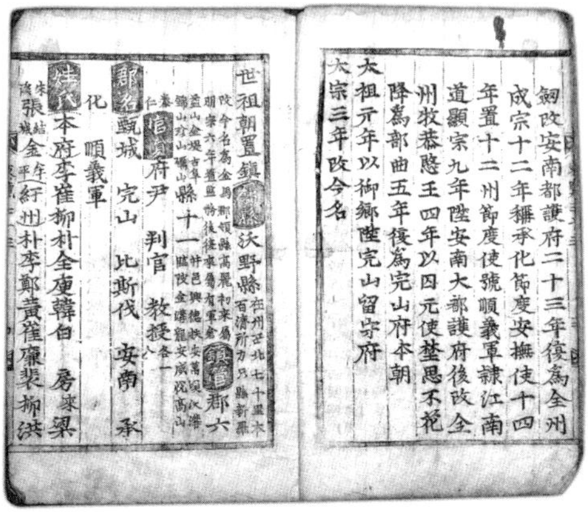
□改安南都護府二十三年復爲全州
成宗十二年稱承化節度安撫使十四
年置十二州節度使號順義軍隷江南
道顯宗九年陞安南大都護府後改全
州牧恭愍王四年以因元使埜思不花
降爲部曲五年復爲完山府本朝
太祖元年以御鄕陞完山留守府
太宗三年改今名

『신증동국여지승람』 | 『고려사』에 이어 묘호와 시호의 참칭 논란이 다시 제기되었다.

호를 병기하여 성종강정대왕成宗康靖大王 등으로 쓰고 있으나, 본문에서는 '세종모년世宗某年' 등으로 썼다.

이처럼 당시 조선 사람들은 묘호 사용이 중국에 대해 참례임을 잘 알고 있었다. 그렇다고 고려에서 이미 사용해오던 관습을 계속 이어가는 것 또한 무례하다고 질타할 일도 아니었다. 역대 왕조의 역사를 계승해가는 조선 역사의 정통론에서 보면, 고려의 묘호 사용을 정당하게 받아들일 수 있는 자각과 인식이 충분했다. 그러한 가운데 때로는 묘호를 쓰는 데 대해 중국의 눈치를 보는 왕도 있었다. 중국 황제로부터 고명誥命, 왕의 즉위를 승인하는 문서과 인신印信을 받아야 하는 국왕의 입장에서는 중국 황제와의 신분적 계서질서를 유의하지 않을 수 없었을 것이다.

이렇듯 조선은 묘호의 사용으로 인해 명나라와 갈등을 빚지 않을까 우려하면서도 독자적으로 사시私諡의 묘호를 쓰는 일이 관례화되어갔다. 강경론자들은 묘호를 떳떳하게 사용하자는 주장을 펴기도 하는 추세였다.

외교분쟁으로 비화된 묘호 사용 논란

조선의 묘호 참칭이 명나라와의 외교분쟁으로까지 비화된 것은 임진왜란 때였다. 그동안 수없이 중국 사신이 왕래했어도 묘호를 시빗거리로 삼은 적은 없었다. 그런데 임진왜란이 발발하여 조선에 주둔하게 된 명나라 군사들 사이에서 묘호의 사용을 문제 삼는 자들이 있었다. 명나라 군사들은 여러 경로를 통해 조선의 국내 사정을 정탐하고자 시도했을 것이다. 법전이나 각종 사서도 정황을 탐지하기 위한 검토 대상에 포함된 듯하다.

선조 26년1593에 주사主事, 정6품 관직 원황袁黃이 『경국대전』을 보고 몇 가지 조항을 묻는 일이 발생했다. 이에 선조는 예상 질문의 하나로서 혹시라도 "묘호는 천자의 일이니 제후가 감히 일컫을 수 없는 것이다. 천조天朝가 벌써 시호를 내렸는데 너희 나라가 또 존호를 올렸으니 이는 무슨 예의인가?" 하고 묘호에 대해 물을 경우에 답변할 내용을 아뢰라고 전교했다. 비변사에서는 국가 주요 문서에 드러난 묘호를 숨길 수 있는 방안이 없었기에 매우 난처했다. 실제 『경국대전』 서문에는 '세조世祖' '아태조我太祖'라고 칭하고, 전문箋文, 신하가 국왕에게 올리는 글의 하나에서도 '세조世祖'를 칭했다.

그해 6월에는 사은사謝恩使, 중국 황제의 은혜에 사례하고자 보내던 사절로 중국에 간 정철이 역시 묘호 등을 놓고 문답하게 될 경우를 상정해, 조정의 답변을 요청했다. 조정에서는 여러 논의 끝에, "묘호는 우리나라에서는 고려 이래로 신하가 그의 임금을 존칭한 것인데 잘못 답습하여 지금까지 고치지 않고 있다. 그러나 사대문서 등에는 다만 중국에서 사시賜諡한 호만 쓰고 묘호를 감히 일절 쓰지 않는다"고 하기로 했다. 묘호 사용은 조선의 전통일 뿐이며, 대외적으로는 사대문서에 철저히 시호를 사용하고 있다는 구차한 변명이었다. 그러나 실제로 중국 조정에서 이를 문제 삼아 양국 당사자 간에 문답이 이루어졌는지는 알 수 없다.

조선에서 묘호를 쓰는 것이 과연 참례僭禮인지 아닌지에 대한 논란은 조선 조정 내에서도 그동안 여러 차례 대두되었다. 성종의 묘호를 의논할 때도 중국 조정에서 당장은 모르지만 나중에라도 이를 알게 되면 그것이 조중관계에서 언제든 문제될 수 있음을 우려하곤 했다. 그러다가 명나라 장수들이 임진왜란의 발발로 다수 내원來援하여 장기 주둔함에 따라 묘호에 대한 중국의 추궁을 지레 걱정하는 상황이 되어버린 것이다. 그리하여 조정에서는 이를 쟁점화하는 한편, 그 대책 마련에 들어가기도 했다. 하지만 이때까지 별 사단이 발생하지 않다가, 결국 선조 31년에 정응태의 주문奏文, 황제에게 보고하는 글으로 문제가 불거져 조선 정부는 커다란 곤경에 빠지고 말았다.

찬획주사 정응태는 조선에 파견된 명나라 원군의 일원이었다. 그는 당시에 경리 양호와 갈등을 빚고 있었다. 정응태는 선조 26년1593 6월 울산 전투 직후 양호를 탄핵하고, 이어서 조선이 일본과 공모하여 요동을 탈취하려 했다고 무고했다. 조선 정부는 양호를 두호하는 입장이었다. 그리하여 중국 조정에 최천건을 보내 전말을 보고하기에 이르자, 이에 대한 분풀이로 정응태는 조선을 무함하는 주문을 올렸다. 정응태는 특히 다음과 같이 『해동기략』에 기술된 내용을 문제 삼았다.

> 조선에서 과거에 응시하는 사람은 삼경三經을 익혔으므로 이미 춘추대의를 알아서 당연히 천조의 정삭正朔, 역법曆法을 삼가 받들어야 합니다. 그런데 어찌하여 또 일본의 강정康正과 관정寬正, 문명文明 등의 연호를 따라 크게 썼습니까. 또 작은 글자로 천조의 영락永樂과 선덕宣德, 경태景泰, 성화成化 등의 기년을 일본 기년 아래에 두 줄로 나누어 썼으니, 이는 일본을 높이 받드는 것이 천조보다 훨씬 더한 것입니다. 그런데 글에는 또 태조, 세조, 열조의 성상을 참칭하여 감히 천조의 칭조존상稱祖尊上, 조를 칭하여 존숭함과 같이 했으니, 저들이 200년간 공순한 의리가 무엇을 의미합니까. 그러나 황상께서 이것으로 조선을 문책하여 저들 임금과 신하들이 무슨 말로 답하는지 시험하소서.

위 글에서 정응태는 조선이 중국보다 일본을 높이 받들고 있다는 사실

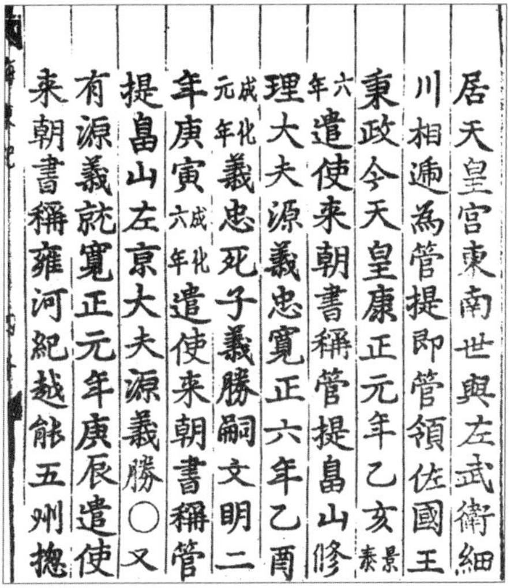
居天皇宮東南世與左武衛細
川相遞為管提即管領佐國王
東政今天皇康正元年乙亥景泰
六年遣使來朝書稱管提畠山修
理大夫源義忠寬正六年乙酉
成化元年義忠死子義勝嗣文明二
年庚寅成化六年遣使來朝書稱管
提畠山左京大夫源義勝○又
有源義就寬正元年庚辰遣使
來朝書稱雍河紀越能五州摠

『해동기략』의 한 부분 | 일본의 연호 연도 아래에는 경태 6년, 성화 원년이라 하여 작은 글씨를 겹줄로 쓴 것이 보인다.

을 먼저 지적했다. 그 근거로 일본의 연호를 크게 쓰고 그 아래에 겹줄의 작은 글씨로 중국의 연호를 쓴 것을 들었다. 게다가 조선은 묘호를 사용하여 중국의 칭조존상하는 예법을 능멸했다는 것이다.

『해동기략』은 신숙주가 편찬한 『해동제국기』를 가리킨다. 서장관으로 일본에 다녀온 후, 왕명에 따라 1471년에 일본의 혼슈와 규슈, 이키, 쓰시마, 류큐 등의 교린 연혁과 국정, 지세, 사신 접대규례 등을 상세하게 기술하여 편찬한 책이다. 일본의 여러 정보를 담고 있는 이 책이 정응태의 눈에는 요동 회복을 목적으로 한 전쟁 기밀문서로 둔갑한 것이다. 그렇지만 명나라 조정에서는 정응태의 무고와 조선 주둔 명나라 장수들 사이의 내분을 모르는 바 아니며 조선의 국내 사정과 기미정책羈縻政策, 이민족 통치책에 대해서도 이미 잘 알고 있던 터라 문제될 것이 없으나, 묘호 문제는 해명이 필요한 골칫거리였다.

영의정 유성룡 등은 명나라 예부의 질문에 응답할 말을 철저히 준비해서 대비하는 일에 적극 나섰다. 최고위직인 영의정을 진주사陳奏使로 파견하기로 파격적인 결정까지 했으나, 묘호에 관한 내용을 담을 주본과 정문 작성은 간단히 처리할 성질의 것이 아니었다. 선조는 『여지승람』을 들여오라고 하면 어떻게 해야 할지도 우려하는 처지였다.

이 사안은 여러 각도에서 진통을 거듭했다. 그렇게 해서 다듬어진 최종안의 내용은 다음과 같다.

선왕들의 묘호를 조祖라고 호칭한 일로 말하면, 소방小邦, 조선을 낮추어 이른 말은 바다 밖의 궁벽한 나라로서 삼국 이래로 예의와 명호는 중국을 본받아 비슷한 것이 많이 있었는데, 우선 선신 강헌왕에 이르러 기강에 위반된 모든 것을 일체 바로잡고 사소한 절목까지도 모두 신중히 하여 상하가 뚜렷한 한계를 만들고 자손에게 전하여 금석같이 지켜왔습니다. 다만 묘호의 칭호만은 신라와 고려시대부터 이러한 잘못이 있었으니, 대개 신민들이 전일의 잘못을 승습하여 외람되게 존칭을 더하고 서로 전수하며 고칠 줄 모른 것입니다. 이는 실로 무지망작無知妄作한 죄이니 이로 인하여 죄를 받는다면 신이 비록 만 번 죽더라도 참으로 할 말 없지만, 만약 참람한 일이라고 한다면 진정이 아닌 말입니다. 소방이 선신 강헌왕 이래로 충심으로 황제를 섬기는 데 예와 성을 다하여 율은 대명률을 사용했고, 책력은 대통력을 사용했으며, 복색과 예의에서도 모두 사모하고 숭상했습니다. 천사가 올 때는 영조의迎詔儀, 황제의 조서를 맞이하는 의례가 있고 배신陪臣, 천자를 상대로 제후의 신하를 낮춰 이르는 말이 중국에 갈 때에는 배표례拜表禮, 황제에게 올리는 표문을 전송하는 의례가 있으며, 정조正朝와 동지, 성절聖節에는 망궐례望闕禮, 중국 황제를 향해 하례하는 예가 있는데, 모두 경건하고 정결한 마음으로 엄숙히 거행하여 한결같이 천위天威, 황제의 위엄를 대하듯 했습니다. 여러 문서와 공사 간의 간독簡牘, 편지까지도 모두 중국의 연호를 사용하는 것을 상용 격식으로 익혀왔으니, 이는 떳떳한 법이고 바른 의리로서 우주를 지탱하여 안과 밖이 다름없고 어리석은 자와 지혜로운 자가 모두 아는 바입니다. 어찌 감히 구구한 하나의 묘호로 참상의 법에 스스로 빠지겠습니까.

이 글에 의하면, 조선의 묘호 사용은 신라 이래로 이어져 내려온 오랜 유습이라고 했다. 하나의 관습처럼 행했을 따름인데, 이를 잘못이라 한다면 인정하겠다고 솔직히 고백하고 있다. 그러고 나서 조선 개국 직후부터 황제를 섬기는 데 한치의 소홀함도 없었다는 점을 강조함으로써 문책의 불씨를 적당히 묻어두고자 했다. 관습처럼 사용해온 묘호이기에 탓할 일은 아니라는 변명이다.

그런데 정작 영의정 이원익이 연경에서 돌아와 복명한 결과는 뜻밖이었다. 실제 중국 조정에서는 묘호에 관한 일을 묻는 사람이 없었으며, 오히려 조선에 대한 근거 없는 조사를 비판하는 목소리까지 있었다는 것이다. 결국 조선의 묘호 사용을 두고 벌어진 논란은 중국 사신들의 농간으로 빚어진 우발적 사건이었다. 이같이 중국에서는 무관심한 사안을 가지고 단지 정응태 개인이 구차한 외교적 협박용으로 묘호 문제를 이용한 어이없는 사건이었다고 하겠다.

그러나 비록 정응태가 조선의 묘호 사용 문제를 협박용으로 이용한 것이 드러났을지언정 조선 조정은 내부적으로 묘호 참칭 시비에서 자유로울 수 없었다. 당장 선조 33년1600에 대행왕비의 시호와 묘호, 전호를 올리고자 할 때 다시 이 문제가 불거졌던 것이다. 이때 선조는 이것이 예의에 어긋난다면 이를 추후에 정하자면서 "정응태가 하던 짓을 보지 않았는가" 하고 크게 우려 섞인 태도를 취한 것이다.

선조의 국장 때에는 묘호를 감추기 위해 가주假主, 가짜 신주를 설치하는 대안이 모색되었다. 광해군 원년에 선조의 묘호를 선종으로 결정한 뒤, 선조에게 사제賜祭차 내방하는 중국 사신이 묘호와 사시私謚를 볼 수 없도록 하는 방법으로 고안된 것이다. 가주의 사용은 사실 이때가 처음은 아니었다. 우의정 심희수가 "중종과 인종 양묘의 국상 이후 가주를 행례하는 일을 면치 못했기 때문에, 무진년 중국 사신 구희직의 사제 때에 역시 가주를 썼습니다"라고 말했듯이, 중종·인종 이래로 묘호와 사시의 사용에 대한 문책을 모면하는 효과적인 방법으로 가주를 써왔던 것이다. 가주는 조선에서 올린 묘호와 시호를 빼고 중국에서 내린 시호를 써서 중국 사신이 치제致祭하는 제상祭床에 모시는 가짜 신주이다. 이러한 논의는 정응태의 주본과 같은 사건의 재발을 미연에 방지하고자 취한 것이다.

이처럼 임진왜란 당시 묘호 참칭 시비가 심각한 외교적 현안으로 대두되어 조선 조정에서는 그 대책 마련에 부심했다. 그러나 막상 뚜껑을 열어 보니 명나라는 별 관심이 없었다. 결국 이 갈등은 유야무야되고 말았다. 그렇더라도 이 문제는 그후 조선을 내방하는 사신이 외교적 압박의 유효한 수단으로 악용할 소지가 있었다. 이를 예방하거나 만일의 사태에 대비한 방책을 준비하는 것은 불가피해 보였다.

그러나 명·청이 교체되면서 묘호의 참칭 여부에 대한 논란은 더이상 벌어지지 않았다. 조선은 오랑캐로 지칭되는 청나라에 대해 사대의 예를 정지하기도 했지만, 시호를 청하는 청시請諡를 그만둘 수는 없는 노릇이었다. 하지만 청시는 이제 형식상의 의례에 머물렀으며, 묘호 참칭 논의는 명분 없는 공론이 될 것이 뻔한 이치였다. 따라서 묘호로 인한 외교 분쟁의 불씨는 어느덧 사라지고 말았다.

시호와 존호, 휘호의 차이

국왕에게 올리는 이름의 종류에는 묘호 외에 시호와 존호尊號, 휘호徽號가 있다. 시호는 넓게 보아 시호, 묘호, 존호 등 국왕이 훙서한 후에 올리는 모든 이름을 가리키는 용어이다. 태조의 시호는 '지인계운응천조통광훈영명성문신무정의광덕고황제至仁啓運應天肇統廣勳永命聖文神武正義光德高皇帝'이다. 이 시호의 구성을 살펴보면, '지인'은 명나라의 증시이며, '계운'은 정종 2년에 올린 존호이고, '성문신무'는 태조 훙서 직후에 올린 시호이다. '정의광덕'은 숙종 9년에 추가해 올린 시호이며, '응천조통광훈영명'은 고종 9년에 추가해 올린 존호이다. '고황제'는 광무 3년에 추존하여 올린 시호이다. 정종 2년에 올린 존호는 사실 '계운신무'였는데, 태조가 훙서한 후에 정한 시호가 '성문신무'로 '신무'가 중복되어 존호에서 빼버렸다. 따라서 태조의 시호는 증시 2자, 존호 10자, 시호 11자로 구성되어 있다.

조선에는 시호를 정하는 또하나의 규정이 있다. '모효대왕某孝大王'이라고 올리는 원칙이다. 태조는 시조이므로 '광덕光德대왕'이라 하지만, 태조를 계승한 역대 국왕은 정종이 '순효順孝대왕', 태종이 '광효光孝대왕', 세종이 '명효明孝대왕'이라고 한 것처럼 대부분 시자의 끝에 효孝자를 썼다. 이것은 제문祭文에서 주제자의 호칭을 '효자孝子' '효손孝孫'이라 하듯이, 사왕嗣王이 종자宗子의 지위에 있음을 나타낸 것이다. 그런데 덕종은 '의경懿敬대왕', 효종은 '현인顯仁대왕', 익종은 '효명孝明대왕'이라고 하여 이 원칙을 거슬렀다. 그 이유는 다름 아니라 덕종과 익종은 추존왕으로서 가장 앞서 내린 세자 때의 시호를 썼기 때문이며, 효종의 경우는 묘호에 효자를 썼기 때문에 시자의 끝에 이를 쓰지 않고 인 자를 쓴 것이다.

시호는 국왕이 홍서한 후에 명나라에서 내린 시호와 조선에서 올린 시호 2종이 있다. 국왕의 시호를 추가해 올릴 때에는 '가상시호加上諡號'라고 했다. 왕비에게 올린 시호에는 시호와 휘호 2종이 있다. 왕후 앞에 붙는 두 자가 시호이며, 이 시호 앞에 놓이는 이름 넉 자가 휘호이다. 휘호는 왕비에게 추가하여 올리는 시호이며, 이럴 때에는 '추상휘호追上徽號'라고 했다.

존호는 살아생전에 올리는 이름이다. 발생 초기에는 국왕이나 왕비, 국왕의 부모 등을 높이는 이름이라는 뜻으로서, 묘호나 시호 모두 해당되었다. 그러던 것이 점차 묘호 및 시호와 구별되기 시작했다. 그리하여 결국 존호는 국왕과 왕비 등이 살아생전에 받는 이름으로서, 사후에 받는 이름인 시호와 엄격히 구분되어 정착되었다. 이 존호는 추가해 올리는 경우가 많았는데, 살아생전에는 '가상加上'이라고 하고 죽은 후에는 '추상追上'이라고 했다.

시호를 올리는 절차는 예치국가에 걸맞게 그 의주儀註를 상세히 규정해놓았다. 『국조오례의』에 수록된 「청시종묘의」, 곧 '종묘에 시호를 청하는 의례'가 그것이다. 이 의례는 조상신에게 폐백을 드리는 전폐례奠幣禮와 술 한 잔을 올리는 작헌례酌獻禮, 시책을 읽는 독책讀冊, 보인寶印을 읽는 독보讀寶, 제사음식을 거두는 철변두撤籩豆, 축문과 폐백을 묻는 의절인 망예례望瘞禮의 순서로 행해졌다. 작헌 다음에는 축문을 읽는 순서가 있다.

청시종묘의가 끝나면 책보를 빈전 문밖의 악차에 임시로 봉안하고, 예조정랑이 지켰다. 영의정 이하는 물러나 본사로 돌아가서 재숙齋宿, 재계하면서 하룻밤을 지냄했다. 정해진 길일이 되면, 영의정 등은 궐문 앞으로 가서 문이 열리기를 기다렸다. 길시에 빈전에서 시호를 올리는 의식을 거행했는데, 흑단령[10]과 오사모[11] · 흑각대[12]를 하고서 예를 행했다.

여기서 한 가지 의문은 시호를 빈전에 올리면서 왜 종묘에 청한다고 했을까 하는 점이다. 천자는 하늘을 칭하여 뇌문誄文한다고 했다. 천자의 붕어崩御, 임금이 세상을 떠남에 조상하는 글을 읽는 것은 하늘을 대신한다는 말이다. 또 천자가 죽으면 대신은 하늘에 제사 지내는 제단이 설치된 남교에서 시를 내린다고 했다. 하늘이 시를 내리는 형식을 빌린 것이다. 신하의 입장에서는 그 천자를 기리고 칭송하고자 악惡을 가리고 선善을 드러내고자 하겠지만, 남교에서 이를 밝혀 하늘을 속이지 않으려는 것이다. 여기에서 종묘에 청하는 의미를 발견할 수 있다. 곧 조선에서 독자적으로 올리는 시호를 종묘에 청하는 것은 천자를 대신하여 조상이 내리는 형식을 빌리고자 한 것이라고 하겠다. 조선의 국왕에게는 종묘에서 조상이 시를 내린 것이다.

키워드 속 키워드 4

묘호의 결정 과정

묘호는 국왕이 훙서한 직후 왕위를 계승한 국왕과 대신들의 논의를 거쳐, 대신들이 삼망三望을 올리면 왕이 그중의 하나를 낙점하는 방식으로 결정한다. 따라서 최종 결정권자는 죽은 왕의 대를 잇는 왕, 곧 계후왕繼後王이다. 계후왕은 묘호에 대한 직간접적인 이해 당사자이므로 묘호의 의미가 그에 의해 좌우될 수 있었다. 경우에 따라서는 몇 대가 지난 후에 묘호를 고쳐 올리자는 주장이 제기되어 이를 단행하기도 했다. 이렇게 묘호를 놓고 벌이는 논쟁은 논의 주체들의 정치적 위상과 이해득실에 따라 달랐다.

묘호의 추상과 관련된 제반 업무는 예조의 계제사稽制司가 담당했다. 묘호의 논의에 참여할 자격이 있는 관료들은 시원임時原任, 현직과 전직 2품 이상의 대신들이다.

시호를 의논하는 날은 아무 때나 하는 것이 아니라 일관日官, 길흉을 점치는 관상감 소속의 관리이 반드시 길일을 점쳐서 정했다. 당일에 영의정 등은 모두 베로 짠 공복을 입고 궐문이 열리기를 기다렸다가 빈청에 모여 논의하기 시작한다. 이때 묘호뿐 아니라 시호·전호·능호도 아울러 의논했다.

빈청회의는 길시로 정해진 시간에 2품 이상이 모여 시작된다. 시호에 관해 충분히 의논하고 나면 각자 소견을 쓴다. 지위가 낮은 사람부터 아래에서 위로 올라가며 쓰는데, 항상 이러한 방법을 취했는지는 정확하지 않다. 묘호는 시자와 시법에 수록된 사자성어의 뜻을 아울러 적게 했다. 밑에서부터 차츰 올라가 세 재상에서 끝난 이 단자는 예조좌랑이 가져다가 삼공三公, 영의정·좌의정·우의정 앞에 올렸다. 삼공은 이를 놓고 상의하여 삼망三望을 최종적으로 결정했다. 정조의 경우에는 정종正宗과 순종純宗, 선종宣宗이 삼망으

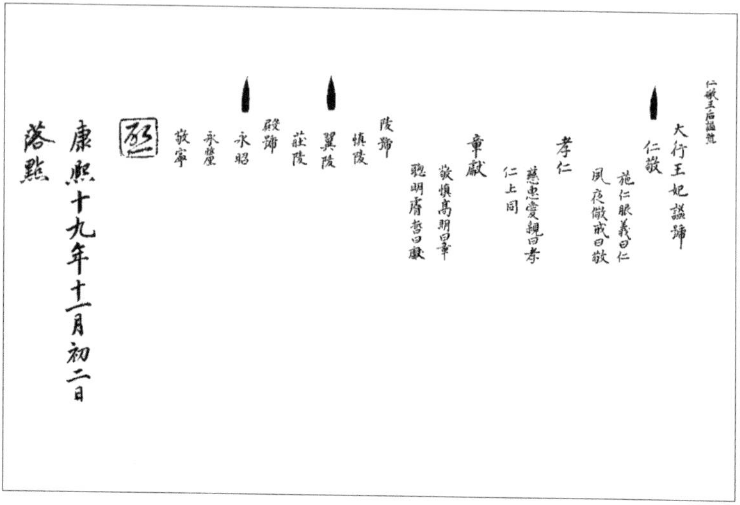

仁敬王后諡號

大行王妃諡號

仁敬

施仁服義曰仁

夙夜儆戒曰敬

孝仁

慈惠愛親曰孝

仁上同

章獻

敬愼高明曰章

聰明睿哲曰獻

陵號

愼陵

翼陵

莊陵

殿號

永昭

永徽

敬寧

康熙十九年十一月初二日

落點

인경왕후의 시호, 능호, 전호 삼망단자 | 숙종의 비인 인경왕후의 삼망단자이다. 숙종 6년에 숙종이 낙점한 표시가 있다.

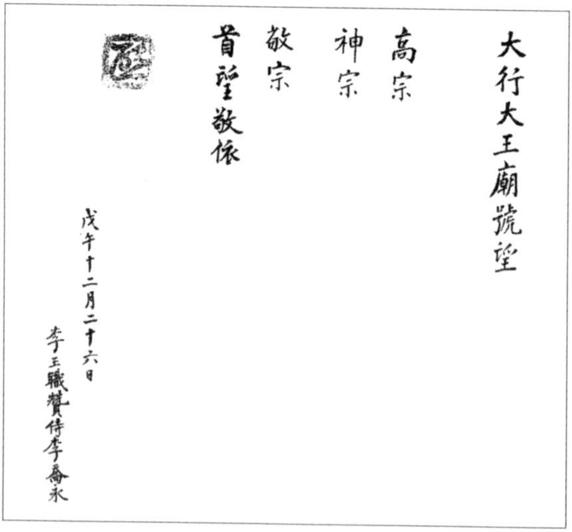

大行大王廟號望

高宗

神宗

敬宗

首望敬依

戊午十二月二十六日

李王職贊侍李喬永

고종 묘호 삼망단자 | 낙점 표시를 하지 않고 수망으로 하라는 명을 적어놓았다.

로 올랐다.

삼망으로 정해진 묘호단자는 의시함議諡函, 삼망단자를 넣은 상자에 넣고, 이를 예방승지禮房承旨, 예조의 업무를 담당한 승정원 소속 승지가 들고 들어가 국왕 앞에 올렸다. 국왕은 삼망단자를 살펴보고 가장 마음에 드는 묘호의 글자 위에 점을 찍었다. 첫번째로 추천한 이름인 수망首望으로 낙점하는 것이 보통이나, 부망副望 혹은 말망末望으로 결정할 수도 있다. 모두 만족스럽지 못할 경우에는 재의에 부쳤다. 그와 동시에 국왕은 자신의 견해를 밝히기도 했다. 이를 참작하여 새로 작성한 삼망단자에 부표付標하여 올리면, 국왕은 최종 낙점하게 된다.

예방승지는 국왕이 낙점한 단자를 담은 의시함을 들고 나와, 전각의 뜰에서 예조 낭청에게 전해주었다. 예조 낭청은 흉배[13]와 흑단령, 흑각대를 벗고 의시함을 보로 싸서, 이를 용정龍亭, 옥책玉册이나 금보金寶 등을 운반할 때 쓰던 일종의 가마에 안치했다. 세장細仗이 앞에서 인도하고 용정이 뒤따라 예조에 이르면, 의시함을 대청의 벽장에 봉안했다.

시자諡字는 대행대왕의 생전 행적을 상고하여 짓는 것이 시법의 본래 취지이다. 그런데 어떤 경우에는 국왕이 생전에 선호하던 시자로 결정하기도 한다. 예종과 명종, 영조 등 세 국왕이 그에 해당한다. 예종은 일찍이 손수 예종이란 두 글자를 책 등에다 쓰고 "죽어서 이 시호를 얻으면 만족하겠다"라고 했다 한다. 명종도 "시호를 명明으로 얻으면 만족하겠다"라고 하고, 영조는 일찍이 연신筵臣, 경연經筵을 담당한 신하에게 하교하기를 "나로 하여금 영英자를 얻어 묘호를 삼게 하면 만족하겠다"라고 했다는 것이다. 이들이 생전에 내비친 말은 죽어서까지 좋은 이름을 얻고 싶어한 욕망을 짐작하게 한다.

4

이름으로 국왕의 공덕을 평가하다

묘호를 결정할 때는 왕과 신하, 정치세력 상호간의 견해차로 여러 차례 갈등을 빚어왔다. 시자보다는 종호에 관한 문제가 첨예한 대립을 불러일으켰다. 그 이유는 종호에 왕권의 정통성 문제 혹은 재위 기간 동안의 공덕을 높이기 위한 정치적 이해관계가 얽혀 있기 때문이다. 특히 반정反正으로 등극한 국왕은 왕권의 정통성에 이미 종법상의 하자가 있으므로 종호를 정하는 일이 여간 신경 쓰이는 일이 아닐 수 없었다.

諡法總記

반정으로 즉위한 국왕은 조인가, 종인가

묘호를 결정할 때는 왕과 신하, 정치세력 상호간의 견해차로 여러 차례 갈등을 빚어왔다. 시자보다는 종호에 관한 문제가 첨예한 대립을 불러일으켰다. 그 이유는 종호에 왕권의 정통성 문제 혹은 재위 기간 동안의 공덕을 높이기 위한 정치적 이해관계가 얽혀 있기 때문이다. 특히 반정反正으로 등극한 국왕은 왕권의 정통성에 이미 종법상의 하자가 있으므로 종호를 정하는 일이 여간 신경 쓰이는 일이 아닐 수 없었다.

세조 이전 국왕들의 묘호는 기록의 미비 탓인지 모르지만, 별다른 쟁론 없이 상정되었다. 조선을 건국한 초대 국왕을 태조라 하고 첫 계승자를 태종으로 올리는 일은 하나의 법칙처럼 이미 정해져 있었다. 그런데 제2대 국왕은 태종이라 칭하지 못하고 3세기 정도 지난 숙종 때에 이르러서야 비로소 정종이라 추상追上되는 냉혹한 정치의 비애를 경험했다. 세종의 묘호는 결정 직후에 허후와 정인지 등이 "역대에 세종世宗이라고 일컬은 군주는 중흥했기 때문이거나 창업했기 때문이다"라고 하면서, 세종은 이와 같지 않으니 문종文宗이라고 고칠 것을 청한 바 있다. 그러나 문종은 세종이 4군 6진을 개척하는 등 북방에서의 공훈이 있음을 들어 이를 거절했다.

문종은 세종의 적장자로 왕위를 계승했으므로 종으로 칭했다. 그런데 세조는 단종을 폐위하고 자신이 즉위함으로써 종법질서를 부정했다. 문종과도 부자관계가 아닌 형제관계이므로 형제상속으로 인한 종통상의 시비가 벌어질 수 있었다. 이러한 결함과 하자를 극복할 수 있는 길은 종통 시비에서 벗어나는 출구를 찾는 것이다.

세조가 죽자, 묘호 논의를 거쳐 올린 삼망은 신종神宗과 예종睿宗, 성종聖宗이었다. 대신들 사이에서 종으로 칭하는 문제는 순탄하게 정해졌다. 그러나 예종은 이를 모두 거부했다. 예종은 대행대왕이 재조再造한 공덕을 높여 세조라고 일컫기를 바랐다. 재조는 위태로운 사직을 다시 일으켜 세웠다는 의미로서, 반정의 정당성을 인정하고 그 공을 높이 평가받겠다는 의도였다. 예종으로서는 왕의 권위를 바로 세우기 위해서도 이것에서 뒷받침받을 필요가 있었다.

예종의 이러한 뜻은 이미 종호 문제가 종법을 따져가면서 논할 만한 차원에서 벗어났음을 의미했다. 자연히 종호는 조공종덕의 원리를 따르는 방향으로 나아갔다. 시자는 재조의 공덕에 걸맞은 '세' 자에서 다른 주장이 허용되지 않았다. 이에 대해 정인지 등은 세종이 있기 때문에 감히 의논하지 못했다면서 반대 입장을 피력했다. 그러나 예종은 한나라 때 세조와 세종이 있었다는 근거로 이를 고집함으로써 결국 묘호를 세조世祖로 확정했다. 세조의 묘호 결정에 대해 신숙주는 결정 과정상의 모순을 들어 재의를 요청했고, 이는 수용되었다. 그러나 묘호는 그대로 두고 능호와 시호만 수정하는 데 그치고 말았다.

세조처럼 비상한 방법으로 왕위를 차지한 또다른 예로는 중종이 있다. 성종의 계비 정현왕후의 아들인 중종은 연산군의 이복동생이다. 연산군이 왕위에서 축출되었으므로 사실상 중종은 성종의 적장자로서 종법상 아무런 하자가 없었다. 그런데도 중종의 묘호를 논의할 때, 참여자들은 시자를 무엇으로 할 것이며, 조로 칭할 것인지를 놓고 논쟁을 벌였다. 중종은 세조와 마찬가지로 반정으로 즉위했으므로 조로 칭하는 것을 획득할 수 있는 여지가 있었던 것이다.

당시 논의의 핵심 주제는 역시 반정의 공에 대한 평가였다. 반정으로 왕을 교체하여 어지러운 세상을 바로잡고 정도正道의 사회질서를 회복했는가 하는 점이었다. 이에 동의한다고 하더라도 그에 걸맞은 시자에 대한 주장은 제각각이었다. 우의정 윤인경과 좌의정 홍언필은 인仁 자, 우찬성 성세창은 효孝 자, 동지중추부사 정순붕과 이조판서 신광한 등은 강康 자를 써야 마땅하다고 주장했다. 이들은 대체로 중종이 종사宗社를 다시 편안하게 한 공을 인정했지만, 적정하다고 주장하는 시자가 서로 달랐다. 이때 신광한이 "먼저 중흥인지 아닌지를 정하고 나서 시자를 논의하는 것이 옳겠다"고 하여, 논의의 갈래를 한 곳으로 수렴해나갔다. 그리하여 마침내 여러 사람의 다양한 견해는 중종中宗으로 모아졌다. 연산조의 혼란기에 백성이 도탄에 빠지고 종사가 거의 위태롭게 되었을 적에 나라를 중흥한 공을 높여야 한다는 논리가 적용되었다. 한나라 선제宣帝가 창읍왕昌邑王을 폐출하고 들어가 대통을 이은 것을 당시에 중흥이라 일컬었는데, 중종의 사적事迹도 선제와 비슷하다고 하여 '중' 자를 택한 것이다.

그러나 인종은 시자만으로는 나라를 중흥시킨 공을 높이는 데 미흡하므로 종호까지 고치고자 했다. 그러나 대신들은 조祖 자 위에 알맞은 글자가 없을 뿐 아니라, "세조를 조로 칭한 것은 아우로서 형을 이었기 때문인데, 대행대왕께서는 중흥했어도 바로 성종의 계통을 이었으니 조로 칭하는 것은 온당하지 못하다"고 반대했다. 이에 인종은 자신의 고집대로 관철하고자 재의를 지시하기도 했으나, 그 뜻을 이루지 못하고 말았다.

세조와 중종은 모두 반정으로 왕위에 오른 국왕들이지만 한 사람은 조로 칭하고, 다른 한 사람은 종으로 칭했다. 중종을 조로 칭하는 것을 반대한 자들은 세조가 중흥의 공이 있어 조를 칭한 것이 아니라 아우가 형인 문종을 이었기 때문인데, 중종은 부자간의 계승관계여서 조로 칭할 수 없다는 억지논리를 폈다. 조로 칭하지 못하게 하기 위한 궁색한 논리이지만, 이면에는 중종이 갖는 종자宗子로서의 지위를 보다 중시하는 종법원리가 작용한 것이다.

인조의 묘호는 별 쟁론 없이 쉽게 정해지는 듯했다. 일단 열조烈祖로 상정하기로 했으나, 약 일주일 뒤에 좌의정 이경석과 행병조판서 이시백 등이 열자에 대해 회의적인 여론을 전했다. 인조는 종사를 위기에서 구하고 윤기倫紀를 회복하여 안정시킨 공이 있어 조를 칭하는 것은 옛 예법에 합당하나, 열烈자는 남당南唐 서지고徐知誥의 사례가 있다는 외간의 의논이 있으니, 다른 글자로 고쳐 정하자는 것이었다. 이때까지 조로 칭하는 것만큼은 원만하게 합의되는 듯했다.

시자 개정을 놓고 개진된 글자는 열烈 자와 헌憲 자였다. 그러나 좌의정 이경석 등이 비판적인 여론에 동요되어 열烈 자는 불가하며 인仁 자가 합당하다고 청하자, 마침내 인 자가 받아들여졌다. 이처럼 대신들이 주도한 결정에 대해 이번에는 간관諫官들이 반발하고 나섰다. 응교 심대부는 "예로부터 조와 종의 칭호에 우열이 있는 것은 아니다"라는 전제 아래, 세조와 선조를 조로 칭하는 것을 먼저 비난했다. 세조가 위로 문종의 계통을 이었는데 조로 칭하는 것은 이해할 수 없다는 것이다. 마찬가지로 인조를 조로 칭하는 것 또한 예가 아니므로 종으로 칭할 것을 주장했다. 반정공신이나 인조에게 중용된 자들의 경우에는 조로 칭하는 것을 지지하는 입장인 반면, 산림과 그 문생들은 종법의 정통론을 고수하고자 했다.

효종은 화가 나서 이를 망령된 의논이라며 엄한 비답을 내렸다. 그러자 부수찬 유계는 한걸음 더 나아가 시로 결정된 인仁 자도 피휘避諱해야 하는 예법을 위배했으니 다시 의논할 것을 요청하고, 아울러 심대부의 주장을 옹호했다. 사간司諫 조빈도 역시 같은 의견을 제시했다. 그럼에도 이미 정한 묘호는 번복되지 않았다.

그렇다고 순순히 물러날 간관들도 아니었다. 대사간 김경여는 다시 조종의 묘호를 거듭 사용하는 실수를 지적하고, 유신들의 간언을 엄하게 가로막는 것은 성덕에 누가 된다고 상소했다. 그런데 부제학 여이징이 묘호의 재의를 요청했을 때, 효종의 비답이 또다시 준엄하게 나무라는 듯했다. 그러자 대사헌 김집이 임금은 간언을 겸허히 받아들여야 한다고 항의하며 간관들의 상소에 대해 우회적인 지지 입장을 밝혔지만, 점차 묘호 재의 문제는 수그러들고 말았다.

그러나 이 여파는 여러 후유증을 낳았다. 그중의 하나가 유계의 삭탈관직이었다. 이듬해에 우의정 조익이 유계를 주의注擬, 추천할 적에 효종에게 낙점을 아끼는 이유가 무엇인지, 그에게 어떤 죄가 있어서 그러시는지 모르겠다고 말한 것이 빌미가 되었다. 인조의 묘호 비판을 심히 불쾌하게 여기던 효종의 심기를 자극한 것이다. 분기를 참지 못한 효종은 이내 유계를 삭탈관직하고 말았다.

성종의 시자를 놓고 훈구와 사림이 대립하다

시자를 놓고 벌이는 논란에는 정치세력 간의 이해관계가 충돌하곤 했다. 왕의 공덕에 가장 가까운 미시美諡의 선택에 저마다의 정치권력은 이해를 달리했다. 그 선택방법 중 하나는 승하한 왕의 공덕을 검토하고 나서 중국의 역대 황제 가운데 가장 유사한 황제를 찾아 시자를 정하는 것이었다. 이러한 특징을 담은 한 사례가 성종의 시자를 놓고 벌인 사림과 훈구의 충돌이었다.

성종이 죽자, 그의 묘호는 시자를 무엇으로 할 것인가 하는 문제로 시끄러웠다. 처음에 원상 윤필상 등은 성成과 인仁의 개념을 비교 검토하면서, 중국에 대한 사대를 인정함과 아울러 성종의 성덕을 주나라 성왕과 같이 하는 것으로 보고 성成 자를 주장했다. 연산군은 즉시 이를 수용했다. 그러나 며칠 후 홍문관 부제학 성세명 등이 성종의 시를 인仁 자로 청하는 일이 발생했다.

그런데 이때 동시에 제기된 새로운 논란거리는 중국 황제의 묘호를 피휘할 것이냐였다. 이에 성준 등은 역시 인仁 자를 채택하자면서 중국 황제의 휘라도 피하지 말자는 취지로 다음과 같이 말했다.

> 지금 중국 조정에 인종황제의 휘라고 하여 피하니, 신 등은 불가하다고 생각합니다. 묘호는 중국 조정에서 모르는 바요, 우리나라에서 사사로이 칭하는 것입니다. 만약 중국 조정을 꺼린다면, 묘호는 마땅히 칭하지 말아야 합니다. 이미 중국 조정을 꺼리지 않고 묘호를 칭하여 올린다면, 중국 조정의 묘호는 결코 피할 것이 아닙니다.

그러나 윤필상 등은 중조中朝의 묘호를 범하는 것은 편치 못하며, 성成 자에는 인의 뜻이 포함되어 있다고 부회附會하면서 고집을 꺾지 않았다.

그 당시의 대립은 훈구와 사림 양 갈래로 판이하게 나뉘어 각 세력의 정치성향과 이념을 노골적으로 드러냈다. 그 첫번째는 시자로 각각 성成 자와 인仁 자를 제시하면서 주나라 성왕과 송나라 인종을 빗댔다는 점이다. 훈구세력은 국가질서와 사회기강의 확립을 통한 권력지향의 주류 지배집단이었다. 그들은 성종 때를 『경국대전』의 반포와 『국조오례의』의 편찬 등으로 집권체제를 완성한 시기로 보고, 유교의 이상사회인 주나라 성왕 때에 비유했다.

반면에, 사림세력이 택한 송나라 인종은 그들이 신봉하는 주희와 밀접한 인물이었다. 주희를 탄생시킨 북송에 대한 흠모뿐 아니라, 주희 스스로도 북송의 태조와 태종, 인종을 공덕이 무성하다고 칭송한 바 있다. 따라서 북송의 인종은 사림들이 정계에 활발히 진출할 수 있도록 견인하여 사림시대의 서막을 열어준 성종에 비유될 수 있었다. 한편으로, 그들은 주나라 성왕도 노골적으로 배척할 수 없는 이념상의 한계가 있었다. 성세명 등이 성왕과 인종의 덕을 비교할 때 성왕을 먼저 꼽아야 하는 당위성을 인정한 것은 주공의 도움으로 왕업을 이룩한 성왕을 당시 지식인들이 추구하는 유교적 이상사회를 실현한 군주로 보았기 때문이다. 그렇지만 인仁 자가 성成 자보다 더 중하다는 판단으로 단호한 반박논리를 폈다면서 주희와의 관련성을 애써 부인했다.

두번째는 중국 황제의 휘를 피할 것인가 하는 문제였다. 훈구세력은 피휘가 당연하다는 사대의 성향을 보인 반면, 사림세력은 이를 반대하는 주체적인 사고를 보였다.

연산군이 성종의 묘호를 대비에게 아뢰었을 때, 대비가 전한 성종의 유언을 들어보자. 성종은 자신이 국가에 공이 없으니 모대왕이라 칭하고 종으로 칭할 것은 없다고 했다는 것이다. 물론 성종은 『동국여지승람』 편찬 과정에서 묘호의 사용이 불편하다는 속내를 드러낸 바 있어, 이 유언은 사실로 추정된다. 그리하여 연산군은 "대행대왕께서 사대하는 정성이 지극했는데, 만약 참람되게 중조와 같은 칭호를 올린다면 하늘에 계신 대행대왕의 영령이 어찌 마음이 편하시겠는가?"라고 하여, 훈구세력과 대비, 성종의 뜻대로 추진할 의사를 내비쳤다. 이에 권주와 표연말, 성준 등은 쉽사리 굴복하지 않고 거듭 공세를 취했지만, 이미 정해진 연산군의 마음을 돌이키기란 무망한 일이었다.

사림세력이 묘호의 시자를 놓고 전개한 정치 공세가 실패했음에도 그 여운은 오래 남았다. 이듬해의 향시에서 재야의 선비들에게, 성종의 시자 논쟁에서 사림세력의 주장에 대한 정당성을 물으려 한 것이다. 즉 병진년 연산군 2년 봄 예산 향시에서 "'인과 성은 차이가 있는가?' 김종직의 시호가 처음에 문충文忠으로 내려졌다가 후에 문간文簡으로 고쳐졌는데, 나쁜 시호는 이미 고칠 수 없다면 아름다운 시호는 고칠 수 있는가?"라고 책제策題, 대책문의 주제를 내는 사건이 발생한 것이다.

이처럼 성종의 공덕 평가가 그 시대에 대한 역사적 평가를 가름하는 양, 사림과 훈구 양 정치세력의 이해가 충돌했다. 특히 사림세력은 이 논쟁에서 성종 때에 활발하게 진출한 자신들의 정치적 정통성을 확인하려는 의

지가 강했다. 그렇지만 이 시도가 실패함으로써 사림은 안정된 권력기반의 확보를 장담할 수 없는 불안한 정치노정을 걷게 되었다.

종을 조로 고쳐야 권위가 높아진다

임진왜란 이후 묘호 추상의 특징적인 점은 종호를 종에서 조로 개상改上한 사례가 많다는 사실이다. 이 같은 현상은 조, 종에 대한 인식이 점차 달라져간 정치사회적 배경에서 나타난 것으로 보인다.

종호의 개상은 선조가 처음이었다. 선조가 죽자, 대신들은 "대행대왕께서는 나라를 빛내고 난을 다스린 전에 없던 공렬功烈이 있으니, 진실로 조라고 일컫는 것이 마땅하다"고 하여 조로 칭할 것을 건의하고, 광해군은 이를 받아들였다. 그러나 이틀 후 정언 이사경이 명종의 정통을 계승한 선조는 아들이 아버지를 계승했으므로 종으로 칭해야 한다는 정론으로 비판의 단초를 열었다. 홍문관에서는 중국의 전례를 제시하면서 간관의 소견을 근거 있는 것으로 판단했으며, 이산해·이원익·이덕형 등도 조라고 일컫는 것은 온당하지 않다는 견해를 밝혔다.

이러한 반대 움직임이 확산되자, 이를 눈여겨보던 대신들이 돌연 입장을 바꾸었다. 선조가 재조再造의 공덕이 있기는 하지만 대를 이어 수성했으며, 성대한 공렬보다는 계체繼體, 적자嫡子를 체로 보고 이를 계승함를 중시해

종으로 칭해야 한다는 것이었다. 이처럼 의견수렴이 원만히 이루어져 드디어 묘호는 선종宣宗으로 최종 결정되었다.

그런데 처음 조로 칭할 것을 건의할 당시에 대신들 사이에는 이미 조와 종의 비중을 차별하여 이해하는 경향이 있었다. 해평부원군 윤근수가 "종이 조보다 폄하되거나 조가 종보다 가중되는 것이 아니다" 하고, 백사 이항복도 윤근수의 그 발언이 "바로 신이 처음부터 가진 주견입니다"라고 한 사실에서 조공종덕이 비중상의 차등이 있는 것이 아니로되, 점차 조를 종보다 중시하는 경향이 생긴 것이 아닌가 생각한다. 하긴 영조 연간에 묘호가 조가 되면 응당 종묘의 세실世室에 들어간다는 풍문이 나돌기도 했으니, 훨씬 이전부터 조로 칭하는 것을 종으로 칭하는 것보다 더 중시한 것은 사실로 보인다.

선종은 광해군 8년1616에 선조宣祖로 묘호가 개칭됐다. 이 묘호의 개칭 과정은 당시의 실록에서는 확인할 길이 없고, 후대에 묘호 개상을 논하는 가운데 전왕前王의 예를 거론한 내용에서 살펴볼 수 있을 따름이다.

인조가 반정으로 왕위에 오른 직후, 조정에서는 광해군 때 올린 선조의 휘호를 깎아버리자는 여론이 비등했다. 심지어 부제학 정경세는 조祖 자도 함께 삭제하자는 강경한 태도였다. 반정 초기에는 무도한 광해군 때의 치적을 모조리 부정하려는 분위기에 정계가 술렁거렸다. 그러나 선조의 휘호 삭제는 자칫 왕실 조상의 권위를 실추시키는 무모하기 짝이 없는 일로 전락할 수 있었다. 이를 염려해야 할 인조의 입장에서는 수용하기 곤란

한 제안이었을 것이다. 그리하여 다행히 그 추탈을 면하는 듯싶었는데 그리 오래가지 못하고, 인조 11년에 광해군 때 올린 추상 존호는 모두 삭제되기에 이르렀다.

광해군 때 선조에게 존호를 추상한 것은 두 차례였다. 광해군 8년에는 종계변무[14]의 공으로 인한 것이며, 광해군 13년에는 오랑캐와 통교했다는 오해를 해명한 공이 선조의 지성스런 사대의 효과였다는 사실에 근거했다. 그러나 전자는 허균이 야록野錄을 조작하고 이이첨이 가세하여 벌인 흉악한 계략이며 후자는 사실의 신빙성이 불확실한 것으로 판정하고, 이를 도모한 목적은 모두 광해군의 공덕을 칭찬하기 위해 선조가 끼친 경사로 돌린 것이라고 싸잡아 비난했다. 인조의 묘호를 정하는 과정에서 응교 심대부가 한 말도 "허균, 이이첨 등의 무리가 없는 사실을 엮어 만들어, 공을 나라를 빛낸 공에 비기어 존호 올리기를 광해에게 청했습니다"라고 하여, 같은 맥락이었다.

존호 추상과 더불어 선조의 종호도 개상되었는데, 그 과정에는 광해군의 의지가 개재되었다. 종계변무의 공을 이유로 선조에게 존호를 올리고자 했으나, 광해군은 선조의 종호를 종에서 조로 고치고 나서야 이를 받아들였다는 것이다. 따라서 선조의 묘호는 종계변무와 임진왜란을 극복한 중흥의 공이 그 근거였으며, 종호 개상에는 광해군과 그와 결탁한 일부 정치세력의 이해관계가 맞물려 있었다. 그러나 인조 11년 신주에 글을 쓰는 규칙이 잘못된 것을 바로잡는 때를 당하여, 선조와 의인왕후의 추상

존호는 모두 삭제되었다. 반면에, 종에서 조로 개상한 묘호는 건드리지 않았다.

영조도 처음에는 종을 써서 묘호를 영종이라고 했다. 그후 오랜 세월이 흐른 뒤인 고종 26년1889에 봉조하奉朝賀, 공신과 공신적장, 전직 당상관에게 특별히 주던 벼슬 김상현이 상소하여, 영조가 즉위하기까지의 과정과 그의 애민愛民 절검節儉을 칭송하고, 영조 초기에 일어난 김일경 무고[15]와 목호룡 고변사건,[16] 무신란[17] 등을 진압한 감란천의勘亂闡義, 난리를 따져 물어 의리를 천명함의 실적實績이 하은주 삼대의 태평성대와 부합한다면서 조로 칭할 것을 주장했다. 이에 고종은 2품 이상의 수의收議를 명하고, 전례와 같은 과정을 거쳐 영조英祖와 원조元祖, 광조光祖 등 삼망이 의망된 가운데 수망으로 낙점해 고쳐 올렸다.

순조純祖도 처음에는 종으로 칭했지만, 영조나 정조가 100여 년이 넘어 조로 칭한 것과는 달리 일찍 개상이 논의되었다. 철종 8년1857에 행지돈녕부사 이학수가 갑자기 서학의 유포를 막고 홍경래의 난을 진압하는 등의 큰 공을 세운 순종의 공렬을 찬양하여 조로 칭해야 한다는 주장을 제기한 것이다. 여기에는 주목되는 발언이 있는데, "신 또한 조공종덕은 둘 다 융성하고 둘 다 아름다우니, 조가 반드시 종보다 낫지 않으며 종이 반드시 조보다 낫지 않은데, 다만 만난 시기로써 그 칭호를 달리할 뿐입니다"라고 한 것이다.

만난 시기로써 그 칭호를 달리한다는 것은 무슨 말인가? 아마도 인시제의因時制宜를 가리킨 듯하다. 세조와 인조, 선조처럼 당면한 시의에 맞게 조로 칭할 수 있다는 종호의 가변성을 언급한 것이다. 조와 종의 경중이 같다고 운을 떼기는 했지만, 조를 종보다 낮게 여기는 풍조에 편승하여 이러한 건의를 한 것으로 보인다.

대신들은 이 제안에 대해 '이단을 물리치고 정도를 지킴〔闢異端 衛正道〕', '서학의 난의 죄를 묻고 큰 기틀을 공고히 함〔勘西亂 鞏洪基〕' 등 두 가지 공렬에 초점을 맞추는 일사불란함을 보였다. 여기에 참여한 사람들은 영중추부사 정원용을 비롯하여 행판중추부사 김흥근·김좌근, 우의정 조두순, 영돈녕부사 홍재룡·김문근 등 무려 88명이었다. 그중에서 특히 정원용은 "후왕이 드날려 찬양하는 정성에 있어서는 특별히 뚜렷하게 드러난 것을 표현하여 칭호를 더하는 것입니다"라고 하여, 철종의 마음을 자극했다. 후왕이 묘호를 개상하거나 시호를 추상하는 것은 특별히 뚜렷하게 드러난 것, 즉 특정 공적을 명분으로 행할 수 있다는 것이다. 선왕의 공적에 대한 평가는 이처럼 주관적 판단을 배제할 수 없었을뿐더러, 안동김씨의 세도 아래 그들을 중심으로 한 순조의 묘호 개상은 아무런 저항 없이 추진될 수 있었다.

이렇듯 순조는 철종 8년에, 영조는 고종 26년에 각각 묘호를 종에서 조로 개상했다. 묘호 개상의 이유는 재위 기간 동안 발생한 국기를 뒤흔들 만한 정치적 변란이나 서학사건 등을 진압함으로써 국가의 기틀을 공고히 한 공을 명분으로 했다. 여기에는 조공종덕의 원리를 명목상의 기준으로 적용했다. 그러나 이보다 더 중요한 요인은 선조의 묘호 개상에서 드러나듯이 종보다 조를 높이 보는 인식의 변화였다. 그리고 이에 편승한 일부 정치세력의 이해관계가 깊숙이 맞물려 있었기 때문이기도 하다.

시법이 무너지다

시법은 세월이 흐를수록 본래의 취지와 원리를 상실해갔다. 이러한 현상은 춘추시대 이전부터 나타나기 시작했다. 제후가 왕이 내려주는 시호를 받지 않고 사사로이 시호를 올리는 비례非禮가 적잖이 행해진 것이다. "송목공宋穆公을 장사 지냈는데, 목穆은 시諡이다. 제후가 왕에게 시호를 청하는 것이 합당하나, 춘추시대에 채환후蔡桓侯 이외에는 모두 왕에게 청하지 않고 스스로 시호를 사사로이 했다"고 한 것처럼 춘추시대에 이미 사시私諡가 횡행하고 있었다.

옛 예법상의 시법도 후대로 갈수록 시자나 해의의 추가로 그 범위가 확대되었다. 구준丘濬이 말한 바, 주공의 시법 이래로 몇몇 사서에 그 법이 보이나, 유희劉熙의 시법부터 소순蘇洵의 시법에 이르기까지는 한위漢魏 이래로 유자들이 옛 시법을 취해다가 자의적인 해석을 덧붙여 시법을 만들어 통일되지 않고 하나의 시자에 여러 가지 뜻을 담게 되었다는 것이다. 이 같은 시법의 확대는 시호의 남용과 함께 미시美諡에 매달리는 풍조를 부추겼다. 그리하여 명나라 때에 와서는 "시호를 줄 경우 내각內閣에서 네 글자의 시호를 추천하여 요청하면 임금이 확정했다. 그리하여 모두 아름다운 명칭을 얻고 나쁜 시호를 내려 징계를 표시하는 일이 아예 없어졌으므로 시의諡義가 드디어 폐지되고 시행되지 않게 되었다" 고 했다. 시법이 갖고 있었던 포폄褒貶의 의미 또한 상실했던 것이다.

이러한 시법의 추이는 묘호에도 일찍이 영향을 미쳤다. 후한의 마지막 황제인 헌제獻帝 때의 일이다. 상국 동탁 등이 "화안순환和安順桓 4제帝는 공덕이 없으므로 종으로 칭하는 것이 마땅하지 않습니다" 라고 하자, 그들이 청한 대로 4제의 종호를 없애버렸다. 후한

때에 역대 황제에게 상종上宗하는 경우는 대체로 공렬을 높이 평가받아야 했다. 그렇지 못하고 어려서 죽거나 포학한 군주 혹은 공렬이 없는 경우에는 종호를 올리지 않거나 이미 올린 종호라도 훼철할 수 있었다. 정치권력이 묘호의 권위에 기대어 과장하고 꾸민 황제의 공렬을 가차없이 부정할 수도 있었다. 당나라 때 와서는 당초의 시호를 고치거나, 추시追謚, 시호를 추가하여 올림가 수시로 단행되어 이루 다 기록할 수 없을 정도였다고 한다. 공적과 덕업이 명실名實에 맞도록 시호를 올려야 하나, 네 자가 원칙임에도 시호의 글자가 많은 것을 귀하게 여겨 불합리한 전례를 만들어내기도 했다.

조선에서도 시법이 제대로 지켜졌다고 할 수는 없다. 반정으로 쫓겨난 국왕들이 있다. 그들이 쫓겨나지 않고 패려한 군주로 재위했더라면, 묘호가 주어졌을 것이다. 그랬을 때 그들에게 선시가 주어졌을까, 악시가 주어졌을까. 삼국시대 이래 우리나라 역대 국왕의 묘호에는 악시가 없다. 포폄의 뜻을 담아 생전 행적의 선악을 평가하는 시호의 본래 취지는 처음부터 제대로 적용되지 않았다.

또한 역대 국왕의 시자는 후대로 갈수록 늘어나는 추세를 보였다. 태조와 정종, 태종은 상왕上王, 왕위를 물려주고 들어앉은 임금으로 물러나면서 받은 존호 4자와 사후의 시호 4자를 합쳐 8자였다. 그런데 세종과 문종 등은 사후의 시호가 8자였다. 이처럼 조선 전기의 국왕들은 대체로 시호와 존호, 묘호를 합쳐 12자를 받았다. 그런데 선조부터 생전과 사후에 존호 올리기가 유행함에 따라 시자가 매우 길어지는 현상이 나타났다. 그리하여 순조와 문조는 각각 75자와 113자에 이를 정도로 가장 많았으며, 고종은 63자였다.

시법의 정신은 이처럼 시대의 변천에 따라 점차 퇴색되었다. 구한말에 영의정을 지낸 이유원도 "옛날에는 그래도 역시 양煬, 혹惑, 황荒, 묵墨의 시호가 있었다. 그런데 충忠이나 문文 두 글자 중에서 시호를 얻지 못하면 모두 이를 불만스럽게 여겨 힘써 공의公議를 다투어서 기필코 미시를 얻어내고야 마니, 이 또한 세태의 변화를 읽을 수 있다" 고 했다. 시호의 표창은 왕실이나 가문의 영예로 치부되어 미시를 얻고야 마는 경향이나 관습이 주류를 이루었다. 시법의 정신은 무너지고 아름다운 이름의 겉치레만 남은 것이다.

5

3백 년, 공정왕이 묘호를 받기까지

공정왕의 묘호 추상의 여정은 험난하고도 길었다. 숙종 연간에 이르러 논의 주체들의 만장일치에도 불구하고 약 4개월을 끌었다. 왕위 계승의 정통에서 벗어나 시호를 칭한 공정왕에게 묘호를 추상하기까지 3백여 년이라는 세월이 걸렸다. 그만큼 묘호는 왕권의 정통을 정립하는 절대적인 상징이었다. 숙종 7년에 비로소 공정왕에게 묘호를 추상함으로써 정종에게는 종법의 원리에 맞는 왕위 계승의 정통성을 부여하고, 종국적으로는 조선 왕조의 종통을 확립할 수 있었다.

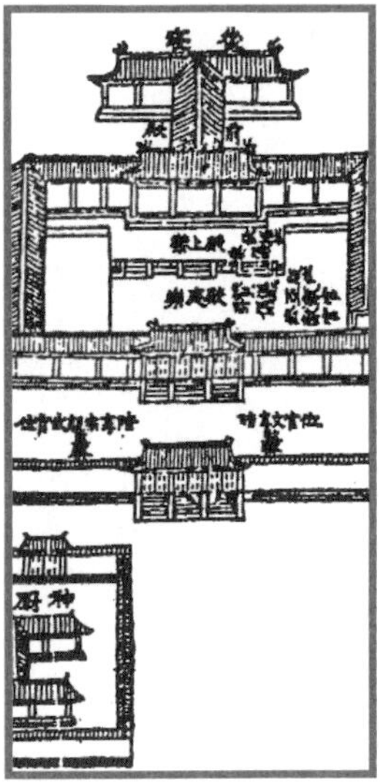

유일하게 왕을 칭한 공정왕, 정종

왕위를 계승했음에도 사후에 묘호를 상정하지 않아 왕이라는 이름으로 사당에 모셔진 왕은 정종定宗이 유일하다. 정종이라는 묘호가 추상된 것은 숙종 7년1681의 일로서, 그전까지는 시호인 공정왕恭靖王이라 칭했다.

정종은 태조의 첫째 아들인 방우芳雨가 일찍 죽어 적장자로서 왕위를 이었다. 그러나 그때까지 정종은 적처인 정안왕후와의 사이에서 아들을 낳지 못한 상태였으므로 세자 책봉이 미루어지고 있었다.

정종 2년1400에 제2차 왕자의 난이 일어났다. 방원을 중심으로 한 일부 개국공신들이 이를 평정하고 권력을 농단하는 사태에 이른 가운데, 하륜 등은 세자 책봉을 강하게 요구했다. 대를 이을 아들이 없으면 같은 어머니에게서 난 아우인 정안공靖安公으로라도 마땅히 세자를 삼아야 한다는 것이었다. 이러한 요구를 뿌리칠 수 없었던 정종은 하는 수 없이 방원을 후사로 입계入繼하여 세자로 책봉하고, 그해 11월에 왕위를 물려주었다.

정종은 즉위한 지 3년 만에 선양하고 상왕으로 물러났다. 그후 세종 원년 9월에 죽자 그의 능호와 시호, 묘호가 논의되었다. 이때 묘호는 사시私

諡를 올릴 수 없고, 사시賜諡를 써야 한다는 방침이 결정되었다. 세종이나 허조 등은 공통적으로 같은 생각이었다. 그리하여 시호는 명나라에서 내려준 공정恭靖, 능호는 후릉厚陵으로 정해졌다. 따라서 정종은 태조의 다음 자리에 부묘祔廟되었을 뿐, 종호가 상정되지 않음으로써 종통의 계승을 부정당한 셈이 되었다. 종묘의 혈통상 위차位次가 왕위 계승의 정통성을 나타내는 것이 아니라, 종호의 상정이 그러했다. 종법의 원리가 곧 왕위 계승의 정통을 확립하는 표징이었기 때문이다.

정종이 공정왕이라는 시호를 쓰게 된 데는 그를 적통으로 인정하지 않으려는 계략이 숨어 있었다. 이는 태조의 권위가 공정왕이 아니라 태종에게 직접 전해진 것으로 통서統序, 계통의 차례를 확립코자 한 태종의 정치적 음모에서 촉발된 것으로 여겨진다. 공정왕의 시호는 종호 사용을 제후국의 예제에 어긋나는 일로 인식하고 여말의 관행을 따른 것으로 해석할 수도 없다. 태종이나 세종 등 후계왕들의 묘호 상정 과정에서 종호를 사용하는 일이 예에 어긋나는지의 문제는 더이상 거론되지 않았기 때문이다. 이 사실로 미루어보아도 정종의 시호를 둘러싼 정치적 의도는 어렵지 않게 짐작할 수 있다.

이방원이 종통을 가로채다

공정왕의 묘호를 사실상 부정했다는 것은 감출 수 있는 일이 아니었다. 세월이 흐르면서 그 후손들이 먼저 이에 대한 불만을 갖고 항의에 나섰다. 늦은 감이 있지만, 예종 원년에 처음으로 공정왕을 종으로 칭하는 문제가 공론화되었다. 예종이 갑자기 공정왕이 대통을 이었으니 종으로 칭하는 것이 어떤가 하고 물은 것이다. 이러한 발언이 나오게 된 배경은 알 수 없지만, 신숙주 등은 이에 대해 "공정대왕은 정통을 이은 임금으로 이미 종묘에 모셔졌으니, 종으로 칭하는 것이 마땅하다"고 하며 흔쾌히 동의했다. 다만 태종과 세종이 공정왕을 종으로 칭하지 않은 이유에 대해서는 매우 의문시했다. 한편, 정인지는 당시에 의평군과 순평군을 종2품의 군君으로 봉했지만 천전遷轉, 벼슬자리를 옮김하지 않은 데서 종으로 칭하지 않은 뜻이 반드시 있을 것이라고 주장했다. 어쨌든 예종이나 신숙주 등은 종으로 칭하지 않은 뜻과 무관하게 정통 군주인 공정왕을 종으로 칭해야 하는 당위성을 밝힘과 동시에 이를 수용했으나, 묘호가 추상되지는 않았다.

공정왕에게 묘호를 추상하는 것을 예종이 수용했다는 것은 성종 6년1475에 공정왕의 아들 무림군 이선생 등이 한 말을 통해 알 수 있다. 곧 "예종 기축년원년, 1469에 공정왕의 묘호를 희종熙宗이라 일컫고 세조와 동시에 부묘하도록 했지만 시행되지 않고 있다"고 한 것이다. 묘호 추상을 청원하는 그의 상서를 보면, 예종 원년에 공정왕의 묘호를 희종이라 결정하고 부묘하고자 했지만, 예종이 급사하는 바람에 실행에 옮기지 못하고 말았다는 것이다.

이후 공정왕의 묘호 문제는 정희왕후의 수렴청정과 성종의 생부를 추존하여 부묘하려는 논의에 밀려 잠복되었다. 그러다가 성종 12년에 이르러 신종군 이효백의 상언上言을 계기로 다시 논의가 이루어졌다. 그러나 정창손을 비롯하여 논의에 참여한 대다수 대신들은 공정왕의 묘호 추상에 반대 입장을 취했다. 그 이유로는 두 가지를 들 수 있다. 첫째, 공정왕이 왕위를 받은 것은 덕으로 이룩한 것이 아니고, 다만 지위가 태종보다 앞섰기 때문이라는 것이다. 둘째, 공정왕은 3년 만에 전위傳位하고 공렬도 일컬을 만한 것이 없다는 것이다. 그런데 여기서 주목할 점은 당시에 종으로 칭하지 않은 데는 반드시 '깊은 뜻'이 있었을 것이라는 의미심장한 말 한마디이다.

'깊은 뜻'이란 무슨 의미일까? 성종 6년 9월에 회간왕의 부묘를 논의하는 가운데, 예조참판 이극돈이 "공정대왕은 몸은 태조의 세자가 되고 수년을 향국享國, 나라를 다스림했으나 열성列聖, 역대 임금과는 다른 까닭으로 비록 부묘를 했으나 묘호가 없고 세종·문종·세조도 묘호를 추상하지 않았으니, 어찌 뜻한 바가 있지 않겠는가?"라고 한 데서도 '뜻한 바'를 언급했다. 그렇다면 이 '뜻한 바'라는 것은 아마도 태종의 의중과 관계가 있음직하지 않을까! 차마 발설할 수조차 없는 위험천만한 정치공작이 있었음을 간파하고 있는 그들이었기에, 그저 어떤 깊은 뜻이 있었을 것이라는 막연한 암

시 정도를 흘린 것이 아닐까 싶다.

왕권이라는 것은 종법을 기초로 수립되었다. 종통을 부정할 경우, 왕권은 붕괴될 염려가 늘 존재했다. 공정왕에게 새삼 묘호를 올리자는 것에 민감하게 반응한 것도 왕권을 기저에서 흔들 수 있는 위험성이 도사리고 있었기 때문이다. 만일 이 문제가, 태종이 적통임을 의심하는 예기치 못한 상황으로 번질 경우, 후계왕들에게 미칠 부정적 파급효과는 이루 말할 수 없었을 것이다. 근왕近王세력들은 이러한 인식에 철저했다. 그리하여 그들은 공정왕의 자녀와 사위에 대한 인신공격을 서슴지 않았다. 공정왕의 묘호 추상을 빌미로 자신들의 작위를 높이려 한다는 것이었다.

이전까지 공정왕의 아들은 대군大君이나 군君을 칭하지 못하고, 정윤正尹, 조선 초기에 왕자의 첩이 낳은 아들에게 내리던 작호·원윤元尹이라 칭했다. 딸에게는 칭호가 없고, 딸의 남편에게는 처음에 군직軍職을 주었다. 이 때문에 공정왕의 자손을 불평등하게 대우한다는 논란이 일어, 성종 2년 윤9월에 다른 왕자들처럼 공정왕의 아들 또한 군으로 봉해야 한다는 주장이 제기된 적이 있다. 그럼에도 훈구세력은 그 자손들이 묘호 추상을 요청하는 것이 그들의 사욕에서 나왔다고 매도했다.

1년 뒤에 또다시 공정왕의 후손인 운수군 이효성 등이 이 문제를 거론했지만, 이때도 대신들의 견해는 달라진 것이 없었다. 다만 예조판서 이파의 말에서 그 '깊은 뜻'의 의미가 드러났다. "무인년의 난을 평정한 뒤에 나라는 태종이 가지신 것인데, 특별히 형제의 차례로 공정왕께 미루어 사양하신 것이다"라고 한 것이다.

당시 최고 권력자 중 실세였던 이방원은 바로 대통을 이어받을 수 있는 기회를 잡았다. 그런데 형제의 순서에 따라 공정왕에게 양보했다. 왜 그랬을까? 다 아는 바와 같이 그는 두 차례에 걸쳐 형제간에 피의 살육을 주도한 당사자였다. 그는 왕권을 차지하려는 야욕으로 이러한 일을 저질렀다는 비난의 화살을 피하고 싶었을 것이다. 또한 자신이 바로 왕위를 차지한다면, 적장자가 왕권을 계승하는 종법의 원리에서 벗어난다는 점도 마음에 걸렸을 것이다. 그리하여 그는 세제가 아닌 세자로 입승入承, 아들이 없을 때 양자로 들어가 대를 잇는 일하는 길을 택했다. 그런데 그의 성격상 강력한 왕권의 행사로 권위를 보장한다 치더라도, 형제를 죽인 배후로서 적장자의 지위도 차지하지 못한 종법상의 비정통非正統이라는 혼돈으로 인해 제3대 왕권의 담지자라는 사실을 용납하기 어려웠을지도 모른다. 그리하여 그가 또다시 선택한 길은 종통을 왜곡하는 것이었다. 그 깊은 뜻은 결국 태조로부터 태종으로 직접 왕통을 승계한 것으로 종통을 꾸미고자 한 태종의 술수를 가리키는 말이 아닐까 생각한다.

이방원의 정치적 의도는 사실 자신의 묘호로 올린 '태종'을 근거로 증명하기에 충분하다. 태종의 태太 자는 시법에 보이지 않는다. 그런데 태조를 계승한 제2대 국왕을 태종으로 칭하기 시작한 것은 중국 송나라 때부터이다. 송과 요, 금, 원나라가 그랬으며, 명나라는 제2대 임금이 혜제惠帝로서 종을 칭하지 못했다. 그렇지만 "개국한 임금을 태조라 하고 태조를 계승한 이를 태종이라 한다"고 한 말에서 볼 수 있듯이, 태종은 태조의 적통인 제1대 종자宗子에게 올리는 묘호였다.

공정왕이 적통으로 인정받지 못한 또다른 근거로는 이덕무의『청장관전서』에 수록되어 있는 명나라 손능부孫能傅가 지은 「시법찬諡法纂」을 들 수 있다. 여기에서 태조 이하는 '조선국왕 성 휘朝鮮國王姓諱'라고 기록했지만, 공정왕에게만은 '조선국 권서국사 성 휘朝鮮國權署國事姓諱'로 되어 있다. 조선에서 명나라에 청시사請諡使를 보낼 때에는 반드시 홍서한 국왕의 행장行狀을 지참했다. 공정왕의 시호를 청할 때 보낸 행장에는 "전권서국사 휘前權署國事諱 자字 강헌왕적자康獻王嫡子"라고 했으며, 이를 본 손능부가 그같이 기록했을 것이다. 그리고 명나라 황제가 조선에 보낸 「성조황제사제사시고成祖皇帝賜祭賜諡誥, 성조황제가 제사를 내리고 시호를 내리는 명령문」에서도 '전권서국사前權署國事'라 칭하고 있다. 반면에 다른 왕들의 행장과 시고문에는 보통 '국왕 성 휘國王姓諱'라고 칭했다.

결국 공정왕은 국왕이 아닌 권서국사로서 재위했다. 전권서국사라고 칭한 것은 그가 명나라로부터 고명誥命, 중국 황제가 제후나 5품 이상의 벼슬아치에게 주던 임명장을 받지 못했기 때문이다. 권서국사는 명나라의 고명을 받기 전에 국사를 대리하여 서사하는 사람을 가리키는 말이다. 그렇다면 조선 조정에서는 이 같은 사실을 그대로 인정하여 그에게 묘호를 올리지 않았다는 말이 아닌가!

공정왕은 정통 군주가 아니다

공정왕의 정치적·역사적 위상은 매우 낮게 평가되고, 종묘에서의 지위도 불안정했다. 성종이 죽자, 종묘에 조천祧遷, 4대가 지난 신주를 조묘祧廟로 옮김해야 할 일이 발생했다. 그런데 종묘에는 신실神室, 신주를 모시는 방이 부족한 상태였다. 이 문제의 해결방안으로 예조판서 성현과 참판 신종호는 다음과 같이 「종묘조천의宗廟祧遷儀」를 지어 올렸다.

우리 태조, 태종께서는 곧 주나라 문왕, 무왕과 송나라 태조, 태종이며, 세종께서는 곧 송나라 인종이고, 세조 역시 중흥한 임금입니다. 공으로나 덕으로나 모두 백세토록 옮기지 않는 신위이니, 태종은 결코 옮길 수 없습니다. 공정왕은 묘호를 올리지 않았고, 복상 제도도 역시 27일 만에 벗었습니다. 또 능에서는 절제節祭, 정월 초하루와 한식 등 속절俗節에 지내는 제사만을 거행하니, 그 예가 각 실과 같지 않습니다. 당초 교체하여 내갈 때에도 의논하는 이들이 "임시로 좌익실에 옮겨 제사드리다가 친진親盡, 제사 지내는 4대代의 수가 다 됨이 되면 그친다"고 했는데, 지금 이미 친진이 되어 마땅히 조묘에 모셔야 합니다. 그런데 지금 조묘 제도가 없으니 처리하기가 실로 어렵습니다. 옛날 한나라 위현성 등이 의논하기를 "훼철毁撤한 신주는 능원에 매장한다"고 하여, 원제는 태상묘주를 능원에 매장했습니다. 지금도 이 예에 의거하여 공정왕과 정안왕후의 사당 신주를 후릉에 매장함이 편할 것입니다.

이 내용을 통해 보면, 공정왕이 죽은 뒤의 삶이라도 다른 국왕들에 비해 얼마나 차별받았는지 알 수 있다. 묘호를 올리지 않은 사실 외에, 복상 기간은 27일로서 단상短喪, 삼년상의 기한을 줄여 상복을 입는 일으로 상복을 벗었다. 태조의 즉위교서에서 상례는 삼년상이 천하의 공통임을 천명한 바 있다. 그런데 태종 8년에 있었던 태조의 국상에서도 역월제易月制, 달을 날로 바꾸어 기간을 정하는 제도를 적용하여 27일 만에 상복을 벗었다. 이러한 단상은 고려의 관습을 따른 측면이 강하다. 동시에 정치적 판단에 따른 결과로 해석할 여지도 많아 보인다.

삼년상의 거행은 정치질서의 안정과 예제의 완비가 전제된 후에나 가능한 일이었다. 그렇지 않은 상태에서는 정치적 위기를 야기할 수도 있으므로 그 상기를 단축시켜 단상으로 거행하는 것이 안정을 보장한다. 특히 공정왕 상의 경우에는 앞서 언급했듯이 태종 자신의 왕권의 정통성과 직결되어 있었다. 묘호도 올리지 않은 입장에서 굳이 삼년상에 얽매일 필요도 없다고 판단한 것이다.

성종 6년에 회간왕의 부묘를 논의하는 가운데 공정왕을 협실로 이안한 것도 위와 같은 인식에서 비롯된 것으로 보인다. 덕종이 추존되어 부묘됨으로써 공정왕은 정통 군주이면서도 정실에서 쫓겨나 협실에 봉안된 것이다. 성종 23년에는 금산군金山君 연衍이 공정왕의 능인 후릉에도 다른 국왕

영녕전 | 공정왕의 신주가 영녕전의 협실로 체천되었다.

의 능처럼 삭망제朔望祭, 매달 초하루와 보름에 지내는 제사를 지내줄 것을 청한 바 있다. 이것이 바로 위 기사에서 "능에서는 절제만을 거행한다"라고 하는 것이다.

그런데 성현 등은 아예 종묘에 안치된 공정왕의 신주를 후릉에 매장하고 나서 국기國忌, 국왕이나 왕후의 제삿날에서 제외하자고까지 요구했다. 친진한 군왕의 신주를 모실 조묘가 설치되어 있지 않다는 것이 그 이유였다. 그러나 헌납 김일손 등이 이를 반대하여 공정왕의 신주를 후릉에 매장하자는 주장은 수용되지 않았다. 대신, 공정왕의 신주는 영녕전의 협실에 모셔졌다. 영녕전은 세종 3년에 건립된 건물로, 비록 조묘는 아니었지만 종묘의 예와 같이 좌우 협실을 이용할 여지는 있었기에 이 같은 결정이 가능했다.

한편, 공정왕은 문소전에도 부묘하지 않았다. 문소전은 태조의 혼전魂殿, 장사를 지내고 모셔온 신주를 부묘 이전까지 모시던 전각이었으나, 후에 원묘로 바뀌었다. 원묘는 국왕의 4대조를 모시는 사당으로서, 이 제도는 사가私家와 동일했다. 공정왕을 종묘에 부묘할 때 동시에 이 문소전에도 위판을 부묘해야 하는데도 이를 실행하지 않았다. "문소전은 종묘의 예가 아니고 오로지 어버이를 친하게 하는 의리를 숭상하기 때문에 부묘하지 않았다"는 것이 그 명분이었다. 곧 문소전은 왕위의 계승관계에 따라 위차를 적용하는 종묘와는 달리, 혈연상의 부자관계에 따라 위차를 적용하는 일반 사당이기 때문이라는 것이다. 따라서 태종이 공정왕의 후사로 입계하여 왕통을 계승했더라도 혈연상으로는 형제관계이기 때문에 부자간의 친함으로 논할 수 없다는 것이다.

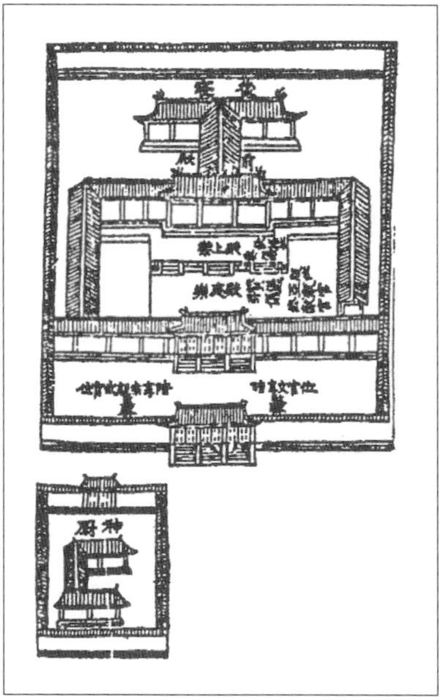

문소전(『국조오례의』) | 태조의 혼전魂殿이었으나, 후에 원묘로 바뀌었다.

게다가 공정왕의 능인 후릉은 개성에 있다. 조선의 왕릉 중에서 서울 인근을 벗어난 유일한 능이다. 왜 유독 공정왕의 능만 개성에 썼을까? 신변의 위협으로 염증을 느낀 나머지 한성이 싫어 개경으로 환도한 그의 마음을 배려한 것일까. 아니면 능만이라도 먼 곳에 두어 그의 존재 의미를 반감시키는 효과를 노린 것일까. 그 이면에는 역시 태종의 술수가 숨어 있었을 것으로 보인다.

공정왕의 묘호 추상은 중종 10년에 창화수昌化守 이장손李長孫 등에 의해 다시 제기되었다. 중종은 그 연유를 조사하여 보고하라고 했지만, 예조에서는 가벼이 의논할 성질이 아니라는 견해를 밝혀 이를 보류하고 말았다. 정통 군주로 인정받지 못한 공정왕의 뒤안길은 이처럼 국왕으로서 정당한 대접을 받지 못하는 처지에 있었다.

죄 없는 공정왕, 종호를 받다

중종 연간 이후 공정왕의 묘호 추상에 대한 논의는 일절 없었다. 그러다가 숙종 7년에 가서야 드디어 정종이라는 묘호를 추상했다. 숙종 7년 5월 선원계보 교정청에서 어첩御牒을 수정하다가 열성묘호列聖廟號 중 공정왕의 묘호가 빠진 것을 알게 되었다. 교정청에서는 이러한 사실을 보고하는 자리에서 "해평부원군 윤근수의 집에 소장되어 있는 소설에 이르기를,

'지난해에 내가 부끄럽게 대언代言으로 은대銀臺, 승정원의 별칭에 있으면서 마침 양도대왕예종조의 일기를 상고해보니, 전교하기를 공정왕은 종사에 죄를 얻은 것도 아닌데 묘호가 없으니, 이것은 궐전闕典, 빠진 전례이다. 이제 시호를 올림이 마땅하다'라고 하고, 마침내 시호를 안종이라고 했다. 그 후 공정이라고 칭하고 안종이라는 시호는 폐하여 칭하지 않으니, 무슨 까닭인지 모르겠다"라고 하면서, 대신들과 의논하여 처리할 것을 요청했다. 그러고 나서 우선 예종 때의 추상 여부를, 강화사고에 보관중인 실록을 상고하여 그 결과를 보고했다.

그후 별 논의가 없다가 두어 달 뒤인 7월에 부교리副校理, 홍문관 소속의 종5품 벼슬 오도일이 이 문제를 다시 거론했다. 숙종이 신하들에게 의논하여 처결을 받도록 전교하자, 바로 여러 신하의 견해가 제시되었다. 이 자리에 참여한 행판중추부사 김수홍·정지화, 좌의정 민정중 등 여러 신하는 대체로 궐전이라 여기고 의당 추상해야 한다는 의견일치를 보였다. 다만 민정중은 중국 한나라의 예를 들면서 당시에는 공정왕에게 묘호를 올리지 않은 것이 궐전은 아니라고 했다.

한사漢史를 살펴보건대 경제 초년에 신하들이 의논하여 고제를 올려 태조라 하고, 문제는 태종이라 했는데, 혜제惠帝에게는 효혜황제라고만 칭했습니다. 지금 우리 태조대왕과 태종대왕은 또한 한나라의 고제와 문제와 같습니다만, 공정대왕이 묘호가 없는 것은 한나라의 혜제와 같으니, 당시에 정해진 의논이 대개 알 만하여 궐전이라 할 수 없을 듯합니다. 그런데 문종대왕 이후 열성이 모두 묘호가 있고, 덕종과 원종 양 대왕을 추숭하는 때에 이르러서도 또한 묘호를 올렸으니, 곧 다시 당나라 제도를 따라 쓴 듯합니다. 한 사당 안에 한·당의 제도를 섞어 쓰는 것은 진실로 편안하지 않습니다.

그렇지만 문종 이후부터는 당나라 제도를 적용하여 묘호를 상정하지 않은 왕이 없었으니, 공정왕도 추상하는 것이 마땅하다는 것이다. 그의 찬성론에도 불구하고 공정왕의 묘호 부정을 정당화하는 근거로 이용된 사례를 한·당의 제도를 모방한 조선의 묘호제 변화로 덧씌운 논리를 전개함으로써 실제의 역사적 사실이 갖는 정치적 성격을 몰각하고 있다. 중종 이전에는 '깊은 뜻'이 있었을 것이라며 표면적인 노출을 꺼리더니, 이제는 제도의 변화라는 거짓으로 사실을 호도하고 있다. 아직까지도 공정왕의 적통 복권에 대한 의구심이 해소되지 않았음을 보여준다.

그렇지만 공정왕의 묘호 추상은 여러 신하에게 매우 중요한 현안으로 받아들여졌다. 대신들은 여러 차례에 걸쳐 빈청에서 회의하여 임금에게 그 내용을 보고했으나, 서둘러 확정할 사안이 아니었다. 그리하여 사안의 중대성을 감안해 널리 물을 것을 청하고, 영부사 송시열과 박세채, 집의 이상, 전집의 윤증에게도 사관과 예관을 보내 문의하도록 했다. 이후 또다시 열린 회의에서 영의정 김수항 등은 당시에 묘호를 상정하지 않은 이유를 근거가 없어 알 수 없으나, 이는 전례로 볼 때 궐전으로서 의당 시행해야 할 일이라는 데 공감했다.

그리고 송시열에게 사관을 보내 견해를 물었는데, 그의 대답은 다음과 같았다.

> 공정대왕이 혼정신성昏定晨省, 저녁에 잠자리를 봐드리고 새벽에 문안하는 예의 예를 어겼으며, 즉위해서 여러 신하에게 은택을 나누어주는 법식과 공어供御, 임금에게 음식을 바침하며 존림尊臨, 임금이 납시는 것을 높여 이르는 말하는 의식이 그전에 잠저潛邸, 나라를 세우거나 임금의 친족으로 들어와 임금이 된 사람이 왕위에 오르기 전에 살던 집에 있을 때보다 더 나아진 것이 없는 것을 태종이 염려했고, 한편으로 공정대왕이 조용한 곳에서 한적하게 즐기려는 뜻을 이루게 해주었으며, 승하해서는 평소에 공정대왕이 겸손해하고 자기를 억제하는 마음을 체득하여 차마 존영한 호를 척강陟降, 임금의 죽음하던 당시에 억지로 더할 수 없었기 때문이고, 세종 이하의 열성이 추상하지 않은 것도 태종의 마음을 자기의 마음으로 삼았기 때문이다.

자식으로서나 임금으로서 도리를 다하지 못하는 공정왕을 염려하고, 유유자적하고 겸양해하는 그에게 억지로 존호를 올릴 수 없었다는 태종의 마음을 세종 이하의 역대 국왕이 자기의 마음으로 삼아 묘호를 추상하지 않았다는 것이다. 매우 감상적인 어법으로 설명하고 있으나, 결국 우암이

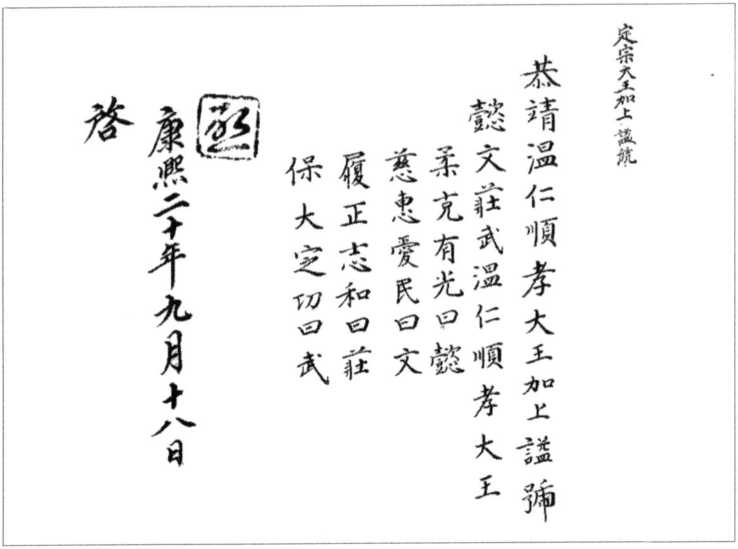
定宗大王加上謚號

恭請溫仁順孝大王加上謚號
懿文莊武溫仁順孝大王
柔克有光曰懿
慈惠愛民曰文
履正志和曰莊
保大定功曰武
康熙二十年九月十八日
啓

정종 가상시호 단자

定宗大王廟號

恭請大王廟號
定宗
安民大慮曰定
康熙二十年九月十八日
啓

정종 묘호 단자

말하는 태종의 마음이란 공정왕을 국왕으로 인정하지 않았다는 뜻이 아니겠는가.

그러나 이제는 이 예가 궐전으로 이해되고 있으므로 우암 역시 묘호 추상에 동의했다. 이같이 모든 대신과 유자들이 찬성하는 가운데, 숙종은 드디어 묘호를 의정토록 명했다. 약 4개월에 걸친 숙의 끝에 공정왕의 묘호 추상 문제는 이렇게 일단락되었다. 묘호는 정종이라 정하고, 시호는 열성의 시호가 모두 8자인 데 반하여 온인순효溫仁順孝 4자뿐이던 것에 의문장무懿文莊武 4자를 더 추상했다.

이처럼 공정왕의 묘호 추상의 여정은 험난하고도 길었다. 숙종 연간에 이르러 논의 주체들의 만장일치에도 불구하고 약 4개월을 끌었다. 왕위 계승의 정통에서 벗어나 시호를 칭한 공정왕에게 묘호를 추상하기까지 3백여 년이라는 세월이 걸렸다. 그만큼 묘호는 왕권의 정통을 정립하는 절대적인 상징이었다. 숙종 7년에 비로소 공정왕에게 묘호를 추상함으로써 정종에게는 종법의 원리에 맞는 왕위 계승의 정통성을 부여하고, 종국적으로는 조선 왕조의 종통을 확립할 수 있었다.

공정왕의 생애

공정왕1357~1419은 1398~1400년에 재위했다. 인종이 병으로 죽어 가장 짧은 치세 기간을 가지고 있고, 공정왕은 그보다 약간 긴 2년여이며 상왕으로는 19년여를 살았다. 태조의 둘째 아들로 태어난 그의 이름은 방과芳果이며, 어머니는 신의왕후 한씨이다. 그의 비 정안왕후는 판예빈시사 김천서의 딸이다.

고려 말에는 왜구의 토벌에 많은 공적을 세우는 등 무략이 있었으나, 왕조의 창업에는 참여하지 않아 태조의 꾸지람을 듣기도 했다. 조선 왕조가 개창되자 태조 원년1392에 영안군永安君으로 봉해졌으며, 태조 7년에 왕세자로 책봉되고, 그해 9월에 경복궁 근정전에서 선위를 받았다.

사실 공정왕은 처음부터 왕위에 뜻을 두지 않은 듯하다. 1398년 8월 공정왕은 소격전에서 기도할 일이 있어 재계하고 잠을 자다가, 정안군 방원芳遠이 주도한 제1차 왕자의 난이 발생했다는 소식을 들었다. 그는 황급히 걸어서 성을 넘어 독음 마을의 어느 집에 숨었다고 한다. 난이 수습되고 세자 책봉 문제가 제기되자, 방과는 "당초부터 대의를 주창하고 개국해 오늘에 이르기까지 모두 정안군의 공인데, 나는 세자가 될 수 없다" 고 하면서 거절했다. 그러나 방원이 굳게 사양하자 어쩔 수 없이 세자가 되었다.

태조의 양위도 자의가 아니라 타의에 의해 이뤄진 것이 아닌가 하는 의구심을 떨치지 못하는 가운데, 방원의 양보로 즉위한 공정왕은 두려움에 몸을 움츠릴 수밖에 없었다. 이복형제이기는 하나 세자 방석과 방번을 가차없이 죽인 방원이었다. 게다가 즉위 직후에는 남재가 대궐 뜰에서 "마땅히 지금 정안군을 세자로 정해야 한다. 이 일은 지체할 수 없다"

고 큰소리치는 마당이었다. 이러한 분위기 속에서 공정왕의 주도적인 권력행사는 거의 불가능했을 것이다.

1400년 2월에 벌어진 제2차 왕자의 난을 계기로, 정안군이 세자로 책봉되었다. 공정왕은 후궁과의 사이에 아들 열다섯과 딸 여덟을 두었지만, 왕위에 앉은 뒤에도 늘 위기의식으로 어떠한 혐의도 받고 싶어하지 않았다. 그리하여 그는 심지어 모든 왕자를 절로 보내 머리를 깎고 중이 되게 했다고 한다. 후환을 염려하여 자식들과 인연을 끊는 아픔을 감내해야 했던 것이다.

공정왕은 정안군을 마주한 자리에서는 차마 그의 눈과 마주치지 못했다고 한다. 어느 날 이를 보다 못한 정안왕후는 "전하께서는 그 눈을 어찌 못 보십니까! 속히 위를 전하시어 마음을 편하게 하세요"라고 권유했다. 그 말을 좇아 공정왕은 상왕으로 물러나 별궁에 거처했다. 태종은 이처럼 유약한 상왕을 만나면, 항상 '신臣'이라 칭하면서 우애를 극진히 했다고 한다. 그리고 왕자들도 모두 환속하게 하여 작호를 내려주었다.

공정왕 연간의 치적을 보면, 원년1399 3월에 개경으로 천도했다. 분경금지법奔競禁止法, 인사 청탁을 금지하는 법을 제정하고 사병私兵을 혁파하는 한편, 의정부와 삼군부를 두어 왕권 강화를 위한 개혁을 단행하기도 했다. 그러나 그의 일상은 정무보다 격구 등 오락에 탐닉했다. 상왕으로 인덕궁仁德宮에 거주하면서도 격구와 사냥, 온천, 연회 등을 즐기면서 정치와는 거리를 두고 살았다.

6

대한제국의 황제, 그 아픈 이름

한일병합은 불법협약으로 원천무효라는 한일 지식인 선언처럼, 국권침탈 이후 대한제국 황실을 조선왕실로 격하시킨 것 또한 원천무효여야 한다. 일제 강점기의 대한제국은 순종이 붕어함으로써 단절된 것으로 보아야 하는 것이다. 따라서 비소급론자들의 주장대로『순종실록』을『부록』으로 처리하여 이왕가의 지위를 적용한 것은 모순이다. 그들은 눈속임으로『부록』의 제첨에 '순종효황제실록'이라 기록했다.『순종실록』으로 명명하고 황실의 지위에 맞게 역사를 기록해야 정당한 것인데도 그들은 또하나의 역사왜곡을 무단으로 저지르고 말았던 것이다.

황제로 즉위한 고종, 황권을 천명하다

조선은 고종이 황제로 즉위하여 대한제국을 선포함으로써 국가의 운명을 다했다. 그렇지만 국가의례의 상당 부분은 조선의 전통을 계승하는 방향으로 전개되었다. 묘호도 그 제도의 시행과 원리, 성격 면에서 변함없이 유지되었다.

제후국에서 황제국으로 국격國格을 높인 대한제국은 국제 외교관계에서 청나라와의 사대 외교관계를 청산하고 모든 외국과 동등한 국가적 지위를 누리고자 국가 구조의 혁신정책으로 탄생했다. 1897년 5월부터 의관 임상준과 유학 강무형, 농상공부협판 권재형 등은 연이어 칭황稱皇을 건의하는 상소를 올렸다. 봉조하 김재현 등 716명의 관리들도 연명聯名으로 글을 올리는가 하면, 의정부의정 심순택 등도 이를 제의했다. 장지연과 정교 등도 칭제건원稱帝建元이 필요하다고 인정했다. 그에 반해 최익현이나 유인석 같은 유생들이라든가 윤치호 같은 이들처럼 칭황을 반대하는 목소리도 만만찮았다.

칭황의 당위성에 대한 논리는 다음과 같다. 첫째, 고종의 34년간 공적

원구단 옛모습 | 고종은 이곳에서 황제로 즉위했다.

과 덕화德化, 덕행으로 감화함는 융성하는 시대가 숭상할 만하다는 것이다. 둘째, 고종의 타고난 자질이 임금들 중 으뜸으로, 천지에 부합하고 귀신에 통할 만하다는 것이다. 셋째, 국가를 위기에서 구해 반석 위에 올려놓았고, 태평성대의 위업을 달성했다는 것이다. 넷째, 교화가 융성하여 독립의 터전을 닦아 자주권을 행사하게 되었다는 것이다. 『만국공법萬國公法』을 근거로 자주국가로서의 칭황이 자국의 권리임을 강조하고, 『예기』에서 말하는 "덕이 천지에 비길 만한 사람은 황제를 칭한다"라는 중국 고대의 예제에도 부합하는 당연한 일이라는 것이다. 중국 고대의 예제와 왕도론에 근대 정치철학이 가미된 역사성을 지닌 이 당위논리는 당시의 시대의식을

고종 황제 어진

신문에서 바라본 황궁우 | 황궁우는 원구단의 신주 봉안전이다.

반영하는 한편, 왕실의 권위를 최고조로 고양하여 안정 기반을 확보하려는 정치적 의도가 담겨 있다고 볼 수 있다.

고종은 원구단에서 황제로 즉위했다. 황제 즉위는 황제국에 걸맞은 국가체제의 정비를 요구했다. 민비는 명성황후로 추숭되었으며, 세자는 황태자로, 왕자는 친왕親王으로 책봉되었다. 황실의 지위에 따른 예제적 통치질서를 갖추어 나가기 위한 일환으로 전주 건지산에 조경단을 설치하고 삼척에 있는 조상 묘역도 정비했다.

그러나 그후 1898년 7월의 황제 양위 모의사건, 9월의 김홍륙에 의한 독차사건 등 고종의 황제권을 위협하는 여러 사건이 발생했다. 특히 독립

경기전 정전의 현재 모습

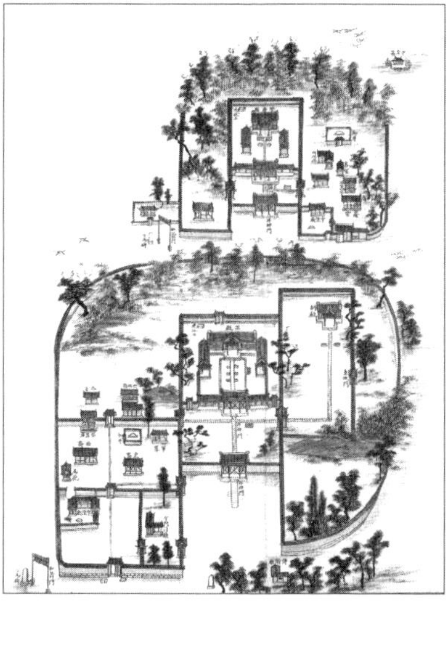

조경묘와 경기전, 장서각 소장

조경단

협회의 황제권 제한운동과 의회 설치 요구, 중추원 개정안 제출, 공화정 실시 소문사건, 만민공동회의 헌의 6조 등 꼬리를 물고 일어나는 군권君權에 대한 위협에, 고종은 "지금부터 월권 범분犯分, 분수에서 벗어나는 짓을 함하는 일은 일절 금하라"라고 효유曉諭하기도 했다. 또한 1899년 5~6월경에는 일본에 망명중인 박영효 등이 귀국할 것이라는 소문이 무성했고, 일본의 대한정책이 변화 기류를 타고 있음이 감지되었다. 러시아가 군대를 동원할 가능성이 예측되는 가운데, 러일전쟁의 조짐까지 우려되는 상황이었다.

이같이 황실의 존립을 위태롭게 하는 사건이 발생하고, 나라 안팎의 정세가 급박하게 돌아가는 가운데, 황제의 통치권과 주권을 제도적으로 천명하고 전통적 국가의례를 행하는 일이 사실상 실질적인 효과를 거두기 어려웠다. 대한제국의 국체를 부정하고 새로운 정부의 건설을 요구하는 단계에서 전통적 국가의례의 상징성은 점차 그 의미를 잃어갈 수밖에 없었다. 그런데도 황실과 그 지지 세력은 황권의 확립과 국체의 안정적 유지를 위한 선언적 조치 및 그에 요구되는 국가의례의 행사를 강력히 추진해 나가고자 했다. 국체를 명시적으로 재천명한 것도 황권 수호가 어느 때보다 절박한 시기였기 때문이다. 고종은 "크게 빨리 개혁을 단행해야 하는 만큼 백성들에게 신용 있는 규정을 세우고자" 교정소校正所의 설치를 지시했다. 백성들의 지지를 이끌어내 개혁을 과감히 단행하고 국가의 정치체제를 명백히 할 필요성을 절감한 듯하다. 법규 교정소의 설립 목적은 "본국의 정치는 어떤 정치이고 본국의 군권은 어떤 군권인가를 밝히는 것"이었다. 그 결과 1899년에 대한국국제大韓國國制가 반포되었다. 대한제국의 정체성과 자주성을 밝혀 황권에 대한 도전에 적극 대응하고 제국의 안정을 도모하는 개혁 작업을 추진하려는 사전포석이었다.

대한국국제의 조항을 살펴보면, 제2조에서는 "대한제국의 정치는 전前으로부터는 500년을 전래하고, 후後로부터는 항만세恒萬歲토록 불변할 전제정치이니라"라고 하여, 대한제국의 유구한 역사성과 정치체제를 규정하고 있다. 제3조는 "대한국대황제께옵서는 무한無限한 군권을 향유하옵시나니 공법公法에 이른바 자립정체自立政體이니라"라 하고, 제4조는 "대한국신민大韓國臣民이 대황제의 향유하옵신 군권을 침손侵損하는 행위가 있으면 그 이행已行 미행未行을 물론하고 신민의 도리를 잃은 자로 인정할지니라"라고 했다. 고종은 이러한 국제를 반포하면서 내린 조서에서 "나라를 다스리는 사람은 반드시 나라의 제도를 반포하여 보임으로써 정치政治와 군권이 어떠한가를 명백히 해야 한다"고 함으로써, 국제의 반포 목적이 전통적인 군권에 의한 정치를 포기할 수 없다는 의지를 밝히는 것이었다. 주권과 통치에 관한 모든 권한이 신하나 백성에게 있는 것이 아니라, 황제에게 있다는 사실을 대내외에 천명한 것이다. 그리고 후속 조치로 군주권의 정통성을 체계화하는 시도를 행했다.

7대조의 황제 추봉

조선은 제후국으로서 오묘를 갖춘 종묘 제도를 유지해왔다. 세종 때 송나라의 별묘제別廟制, 태조의 4대조를 별도의 사당에 모시는 제도를 모방하여 영녕전을 건립하고 세실世室을 둠으로써 종묘 제도는 크게 변화되었다. 그렇더라도 제후오묘의 원칙에는 충실했다. 그러나 이제는 제후국이 아닌 황제국으로서의 국가질서와 통치체제를 갖추어 나가려는 노력이 진행되는 가운데, 우선 추진해야 할 과제 중 하나는 칠묘제의 운영이었다.

칠묘제는 태조와 현 황제의 6대조 신주를 모신 사당 제도를 가리킨다. 조선 초기에는 태조의 4대조를 왕으로 추존하고 종호를 부여했지만, 고종의 조상은 황제로 추봉하고 묘호를 새로 정해 올려야 했다.

고종은 4대조 추숭 이전에 장헌세자의 추존을 먼저 단행했다. 이것은 황권의 정통성과 관련되는 문제였다. 익종의 대통을 이은 고종의 4대조는 장헌세자–정조–순조–익종으로서, 장헌세자는 고종의 고조였다. 광무 3년1899 특진관 서상조가 장헌세자와 정종의 추숭을 건의하자, 해당 절차를 거쳐 장헌세자의 묘호를 장종莊宗이라 고치고 정종에게는 존호를 추상했다.

장헌세자의 추존이 끝나자, 그해 12월에는 태조와 장종, 정종, 순조, 익종 등 4대조에게 황제로서의 묘호와 칭호를 새로이 정해서 올릴 것을 지시했다. 그리하여 태조는 태조太祖 고황제高皇帝, 장종은 장조莊祖 의황제懿皇帝, 정종正宗은 정조正祖 선황제宣皇帝, 순조는 순조純祖 숙황제肅皇帝, 익종翼宗은 문조文祖 익황제翼皇帝로 추봉했다. 태조를 원구단에 배천配天, 황천상제의 배위配位로 모심하고, 어진을 모사하며, 역대 국왕의 어진을 모신 진전을 중건한 것도 모두 그와 관련된 사업이었다. 이러한 추숭 사업은 고종의 전제권 강화와 관련된 것으로 이해되기도 하거니와, 황제국으로의 격상에 따른 통치체제 정비에 요구되는 일들이기도 했다. 이후 벌어지는 각종 추숭 사업도 그와 밀접한 관련이 있었다.

시대적 전환기에 황실의 위와 같은 노력은 국가 권력자로서의 황실을 인정하지 않는 한 소기의 목적을 달성하기 어려웠다. 이윽고 고종은 강제로 퇴위당했다. 광무 11년고종 44 7월 21일 오후 5시에 태황제太皇帝라고 상호하는 조칙을 발표하고 퇴위를 확정했다.

약 1주일 후에는 태황제 존봉일을 당하여 태太 자 위에 두 자의 칭호를 더하여 높이려 한다고 하고는, 순종이 즉위하자마자 태황제에게 '수강壽康'이라는 존호를 가상하고 영왕 은을 황태자로 삼았다. 그러고는 역대 국왕이 사친私親을 숭봉하는 예에 따라 고종의 생부모인 흥선대원군과 여흥부대부인을 추숭하여 흥선대원군은 대원왕大院王이라 부르고, 부인은 명나라 때 친왕의 부인을 비妃라고 부르는 제도를 모방하여 대원비大院妃로 높였다. 완화군은 왕, 연원군부인은 비, 이준용은 태황제의 친조카이므로 군君으로 봉해졌다. 진종과 헌종, 철종의 추봉도 단행하여 진종을 소황제昭皇帝, 헌종을 성황제成皇帝, 철종을 장황제章皇帝로 정했다. 이로써 황제국의 칠묘제에 따른 묘호 추봉이 완성되어, 제통帝統이 확립되었다.

그렇지만 황제에게 상호上號하는 의례는 황제의 사후에 올리는 시호와 묘호 말고는 황제의 권위 약화와 함께 더이상 시행되지 않고, 황실 의례의 국가적, 정치적 의미 또한 사라져가고 있었다.

대한제국 황실의 지위 변화

1910년에 대한제국이 일제에 의해 강제로 합병되자, 대한제국 황실도 더불어 일본 황실의 가계로 편입되면서 이왕가李王家, 국권 강탈 이후 일본이 대한제국의 황가를 이르던 말로 격하되었다. 한일합병조약 전문 8조 중 제1조와 제3조에서 대한제국은 통치권 일체를 일제에 양여하고, 고종 등은 각자의 지위에 상당하는 존칭을 계속 가질 수 있도록 규정하고 있다. 그리고 『순종황제실록』 권1에서 순종은 융희 4년 8월 29일경술 7월 25일 병인에 퇴위하여 재위 4년이라고 되어 있는 바와 같이 한일합병으로 순종은 황제위에서 퇴위당한 셈이 되었다. 또한 이 조약이 공포된 날에 발표된 칙령 제318호에 따라 대한제국은 조선으로 개칭되었다. 이때부터 일본은 조선을 일본 황제가 분봉한 그들의 영지라고 생각했다.

일본 천황의 조칙과 법령에는 대한제국 황실에 관한 예우사항이 수록되어 있다. 이를 통해 보면, 대한제국 황족은 창덕궁이왕전하와 덕수궁이태왕전하, 왕세자이은전하, 이강공전하, 이희공전하라는 칭호를 갖게 되었으니, 이들은 일본 황실의 한 가문인 이가李家의 왕족과 공족이 되어버렸다. 고종과 순종에게 태왕과 왕의 작위를 수여한 것은 일본의 황실전범에 의하면, 대한제국 황실을 일본 천황에 대하여 유복친有服親 밖의 친족으로 간주한 것이다.

긴 역사를 지닌 조선은 엄연한 독립국이다. 그러나 일제에 침탈당한 대한제국 황실은 국가의 주권을 잃고 왕의 지위로 격하되었다. 일본 황실의 일개 왕실 가문으로 불리는 수모를 겪은 것이다.

그리하여 경술국치 이후 대한제국 황제에게 상호하는 의례는 국가의례가 아니라 왕실 행사로 형식화되었다. 존호를 올리는 일은 중단되고, 다만 왕의 사후 시호와 묘호를 올리는 행사만 치렀다. 국가 제사에도 원구단과 사직단의 제향은 폐지되고, 종묘와 궁전에서의 제향과 상장례만 계속될 뿐이었다. 1913년 2월에 선원전의 영정이 개수되고, 고종과 순종의 어장御葬은 기왕의 국장에 준해 시행되었다.

고종의 묘호는 1918년에 고종高宗과 신종神宗, 경종敬宗의 삼망三望으로 올렸는데, 수망首望으로 정했다. 대한제국의 시조이며 초대 황제인 그에게 왜 '조祖'의 칭호를 올리지 않았을까? 대한제국은 조선의 정통을 계승한 나라이므로 조선 태조가 그 시조이다. 그렇기 때문에 원구단에 조선 태조를 배천했다. 따라서 고종은 대한제국의 시조이기는 하지만 조선 태조의 종통을 계승한 종자이므로 '조'를 칭할 수 없었다. 그렇더라도 대한제국의 시조임을 나타낼 만한 시자를 정할 필요가 있었는데, 그 시자가 '고高'였다. 중국 한나라의 태조인 고조高祖가 유력한 사례이지 않았을까 생각한다. 그리고 시호는 문헌文獻, 전호殿號는 효덕孝德으로 정했다. 그 시책문을 보면, "금金을 칠하고 옥玉에 새겨 칠묘에 보이고 아름다움을 드날린다"라고 했으니, 일제 강점기인 1919년 당시에 천자국의 사당 제도인 칠묘제를 적용해 표현한 점은 주목할 만하다.

순종의 묘호는 순종純宗과 경종敬宗, 성종誠宗 중에서 역시 수망에 의거했다. 시책문을 보면, '사사왕 신嗣嗣王臣'이라고 했는데, 사사왕은 곧 이은李垠이다. 순종 붕어 직후 그의 작위는 이왕은전하李王垠殿下로 제정되었다. 이은이 순종의 지위를 계승함으로써 왕통을 이어나간 것이다. 순종의 존호는 효황제孝皇帝로 올렸으며, 시호는 문온무령돈인성경文溫武寧敦仁誠敬이다.

따라서 묘호와 존호만으로 보면, 고종과 순종의 지위는 그전의 황제 지위와 다름없었다. 실록을 편찬할 당시에 에하라 젠쓰이江原善槌는 고종과 순종이 국가의 주권자가 아님을 주장하기 위해 의도적으로 묘호와 시호는 일가一家의 사호私號라고 정의했다. 그러나 대한제국에서는 적어도 선왕의 유제遺制인 묘호와 시호의 예법을 수호하면서 그 지위를 유지해 나갔다. 적통의 고종과 순종은 대한제국을 상징하는 존재로서의 지위를 잃고 싶지 않았던 것이다. 그렇기 때문에 여러 방면의 복벽復辟, 물러났던 임금이 다시 왕위에 오름운동이라든가 망명정부 수립계획이 추진될 수 있었다. 또한 순종 국장에서 볼 수 있는 바와 같이 한국민은 순종을 대한제국의 마지막 황제로 인식하고 있었다.

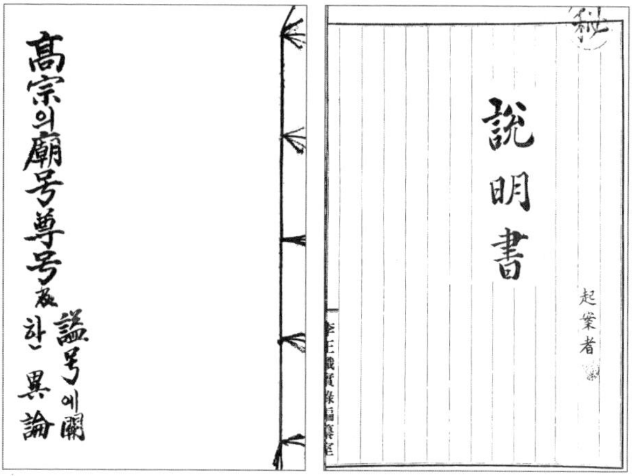

에하라 보고서 표지(왼쪽)와 내지(오른쪽)

고종의 황제 호칭 말살 음모

고종과 순종은 『고·순종실록』 편찬과정에서 황제로서의 지위를 의심받았다. 일제로서는 이미 국권을 빼앗긴 대한제국 황제를 주권 국가의 수장으로 대우할 수 없었던 것이다. 그리하여 일제는 한일합병을 기점으로 그 전의 황권만 인정하겠다는 태도를 취했다. 일제 식민지 기간 중 고·순종은 실록에서 일본 황실에 편입된 일개 왕족으로 다루겠다는 것이다.

이러한 주장은 에하라의 보고서에 잘 나타나 있다. 이 보고서는 『고종高宗의 묘호존호급시호廟號尊號及諡號에 관關한 이론異論』이다. 이 책의 첫째 장에는 '비秘'라는 원형 주문이 찍혀 있어, 총독부의 지시 아래 비밀리에 수행한 정책 보고서의 하나로 보인다. 따라서 이 보고서의 내용은 총독부의 입장을 대변하는 것으로 보아도 무방할 것이다. 이를 통해 총독부에서 고종의 황제 호칭을 말살하려고 한 음모를 파헤쳐보자.

『고·순종실록』 모두冒頭의 기술문에는 고종과 순종의 삼호三號가 모두 포함되어 있다. 고종은 아래에 기술한 바와 같고, 순종은 「순종문온무령돈인성경효황제실록純宗文溫武寧敦仁誠敬孝皇帝實錄」이라고 기술되었다. 그리고 표첨문表籤文, 책 제목에는 『고종태황제실록高宗太皇帝實錄』 『순종황제실록純宗皇帝實錄』이라 쓰였다. 따라서 모두 기술문과 표첨문의 제명은 대한제국 황제의 위상을 그대로 반영했다. 그러나 경술국치 이후의 실록에 대해서는 『순종황제실록부록純宗皇帝實錄附錄』으로 처리하고, 기사에서도 태황제를 태왕전하, 황태자를 왕세자 등으로 격하해 이왕가의 지위에 준하여 호칭했다. 그리고 연기年紀에서도 합병 이전에는 재위년 혹은 대한제국 연호를 사용하다가, 이후에는 일본의 연호를 사용했다.

『고·순종황제실록』 편찬 당시에 왜 이런 논의가 제기되었을까? 그것은 아마도 대한제국 황제가 생존해 있는 상태에서 한국민들은 여전히 황실을 대한제국의 상징으로 인식하고 있었기 때문으로 보인다. 그 배경 아래 계속해서 복벽운동도 일어났다. 일제는 이러한 국내의 정치 상황을 간과할 수 없었다. 대한제국 고유의 황통이 일제가 강요한 지위와 관계없이 계승되고 있었다는 사실 자체가 이와 같은 논의를 야기할 수 있었다고 보겠다.

고종의 시호에 대한 문제 제기의 발단은 『고종실록』의 편찬과정에서 실록의 권두에 실릴 그의 시호가 일본 황실의 한 왕가로서의 지위에 저촉되기 때문이었다. 이미 성안成案, 완성된 원고된 『이태왕실록』의 권두에 쓰여 있는 고종의 시호가 이태왕의 지위에 맞지 않는다는 것이다.

고종통천융운조극돈륜정성광의명공대덕요준순휘우모탕경응명입기지화신열외훈홍업계기선력건행곤정영의홍휴수강문헌무장인익정효태황제실록권지일高宗統天隆運肇極敦倫正聖光義明功大德堯峻舜徽禹謨湯敬應命立紀至化神烈巍勳洪業啓基宣曆乾行坤定英毅弘休壽康文憲武章仁翼貞孝太皇帝實錄卷之一

먼저 이 시호의 구성을 살펴보면, 고종은 묘호이고, 문헌무장인익정효 8자는 시호이며, 통천융운 이하 홍휴수강까지 50자와 태황제 3자는 존호이다. 따라서 고종의 시호는 묘호 2자와 시호 8자, 존호 53자 등 총 63자로 구성되어 있다.

『고·순종황제실록』 편찬은 순종 사후 1927년 4월에 이왕직 주관 아래 준비실이 조직되면서 시작되었다. 약 3년에 걸쳐 필요한 자료를 등사한 후인 1930년 4월에 편찬직원을 임명하고, 창덕궁 한켠에 편찬실을 설치하여 각부별 배치를 마쳤다. 편찬실에는 위원장 시노다 지사쿠篠田治策와 부위원장李恒九, 그 밑에 사료수집부와 편집부, 감수부 등 3부를 두었다. 각 부에는 위원과 보조위원, 서기를 배치했다. 실록 편찬은 1934년 6월에 완성하여 이듬해 3월에 상재上梓, 출간했다.

이 보고서의 기안자는 원래 조선총독부 이사관 정7위 훈8등인 에하라 젠쓰이江原善槌였다. 그는 『고·순종황제실록』 편찬위원으로서 감수보조위원監修補助委員으로 활동했다. 감수보조위원 4명 중 일본인은 그 한 사람으로, 편찬작업에 총독부의 입장과 이해를 대변할 인물이었다. 감수부監修部는 '편집위원이 편집한 고서稿書에 대하여 사실史實의 정부正否를 검토하고, 문자와 장구章句를 정리하여 실록원고를 작성하며, 또 상재할 때 교정校正하는' 일을 담당하는 부서였다.

에하라는 위 시호를 간략히 해서 『고종태황제실록』이라 하여 실록의 표제첨表題簽에 기입하고 또 실록용지의 중앙 판심 내에 기입한다면, 실록을 대표하는 의미를 표현한다고 생각했다. 권두의 이와 같은 기술은 일본 황실에 대해 불경하는 일이므로 시호와 묘호, 존호의 뜻을 명확히 해서 이 문제를 해결하고자 했다. 그는 고종과 순종이 일본 황실의 한 왕족으로서 위와 같은 시호를 받을 자격과 권리를 가질 만한 근거와 정당성이 있는지를 가리고자 한 것이다. 그리하여 그는 먼저 시호의 연원과 의의를 명확하게 규명하는 작업부터 시작했다.

총독부의 고종 시호 무효화 책동

에하라는 가장 먼저 시諡의 기원과 그 의미를 시법과 경전 등을 통해 밝히고 있다. "대개 시호는 죽은 자에게 추상하는 이름으로서, 생시의 행적에 의거하여 그의 공적을 드러내주는 것이다. 그 기원은 중국에 있다"고 하면서, 우선 조선은 중국의 이 제도를 본받았다는 사실을 전제했다. 그는 시의 기원이 주공단에게서 비롯된 것으로 보고, 그 유래를 「용재속필容齋續筆」과 『예기』 등을 통해 밝혔다. 중국 고대에 성립한 이 시법은 "천자의 시호는 하늘에서 받는 형식을 취했고, 제후의 시호는 천자에게서 받았다. 경대부 또한 그러했다"라고 한 바처럼 제후에게는 천자가 사시하는 것이 예제였다. 이를 통해 에하라는 고종에게 사호를 내리는 것이 예제상 의문시될 수 있었다. 그의 논리로는 한일합병으로 대한제국이 주권을 상실하고 일본 황실의 한 가문으로 전락했으므로 고종과 순종의 시호는 일본 황제가 내려주는 것이 예제상 옳다는 것이다. 이에 관한 에하라의 논의를 살펴보자.

국왕이 혁명 또는 다른 이유로 인하여 주권을 상실한 경우에는 나중의 신주권자가 시호를 봉책할 권한을 갖지만, 그것을 실제 행하는 것은 후왕後王인 신주권자가 전 왕조를 존중하는 뜻의 발로이며, 한편으로는 전 왕조 유신遺臣, 왕조가 망한 뒤에 남아 있는 신하의 조종책이다. 혁명국인 중국에서는 한위육조漢魏六朝 이래로 대저 모두 그러했으며, 조선에서도 그러했다.

전 왕조가 멸망했을 경우에 마지막 왕의 시호에 대해서는 새로운 왕조

혹은 국가를 건설한 신주권자가 책봉할 권한을 갖는다는 것이다. 그러면서 에하라는 그 사례를 다음과 같이 들고 있다.

> 백제의 의자왕과 고구려의 보장왕, 신라의 경순왕, 고려의 공양왕 같은 이들은 모두 전 왕조를 추존한 것이다. 이조에서는 고려가 멸망한 후에 신주권자인 태조가 하루아침에 망한 나라의 공양왕을 간성杆城, 강원도 고성군에 있는 읍으로 방축하여 공양군으로 봉했다가, 그가 죽자 공양왕으로 추봉했다. 그러므로 『고려사』에는 군君이라고 하지 않고 왕王이라고 하여 그의 사적을 기술했다. 이 군으로 칭하고 왕으로 칭하는 것은 추인追認, 지나간 사실을 소급하여 추후에 인정함의 여하로 인하여 결정되었다. 이조실록 중에 『연산군일기』와 『광해군일기』는 그를 왕으로 여기지 않았기 때문에 일기라고 칭하고 실록이라 칭하지 않았다.

새로운 국가나 왕조가 성립하면, 멸망한 국가나 왕조의 마지막 왕은 신주권자의 책봉에 의해 칭왕할 수 있다는 것이다. 그러므로 "일한병합 후에 주권을 상실한 이왕李王은 그의 이름이 왕이지만 국왕이 아니기 때문에, 병합 후에 훙거한 이태왕에 대해 시호를 봉책하는 것은 역사상 또는 국법상 공적으로는 하등의 근거가 없다"고 하면서, 이러한 행위는 무효라고 주장했다. 한일합병으로 일본 황실의 한 가문으로 전락한 조선 왕실이기 때문에, 망국의 처지에서 순종은 고종에게 시호를 봉책할 권한이 없다는 것이다. 더욱이 "국법상 이왕의 지위는 메이지 43년 8월 29일의 조칙에서 전 한국 황제를 책봉하여 왕이라 하고, 창덕궁이왕이라 칭하며, 태황제를 태왕이라 칭하여 덕수궁이태왕이라 칭한다고 하여 황족의 예우를 내렸"으므로, 이러한 대우를 받는 이왕전하가 이태왕전하에 대해 시호를 봉책하여 태황제라고 할 권능이 없는 것은 앞에서 서술한 이유에 의거해 명백하다는 것이다.

그러면서 그는 그것을 실록에 기술하는 것이 무의미한 문자의 병렬로서 참오僭傲, 참람하고 오만함의 기롱譏弄을 면치 못할 것이라고 비난했다.

대한제국 황제 칭호의 소멸론을 폐기하다

에하라는 또 이러한 문제 제기와 함께 삼호三號, 묘호·존호·시호의 연원과 의미를 밝히고 나서 실록 모두에 나오는 기술문의 옳고 그름을 규명하고자 했다. 먼저 그는 고종의 삼호가 봉책된 시점과 조선 혹은 대한제국 지위의 관계를 분석했다.

> 『주감의궤主監儀軌』에 의거해보면, 다이쇼大正 8년 정월 27일 이왕전하의 봉책이 있었다. 곧 사신을 보내 옥책을 받들고 존호를 올려 태황제라 하고, 존시를 문헌무장인익정효라고 하며, 묘호를 고종이라 했으니, 바로 삼

호를 포함하고 있다. 그러므로 모두冒頭의 기술은 이 봉책을 중심으로 기필起筆, 붓을 들고 씀한 것이다.

다이쇼 8년1919에 홍거한 고종에게 올린 삼호는 『주감의궤』에 게재되었는데, 실록 첫머리의 기술은 여기에 근거한다는 것이다. 이 삼호 가운데에서 '태황제'는 고종의 강제 퇴위로 순종이 즉위할 당시인 1907년에 봉책한 것이므로 고종 사후에 재추봉한 셈이 된다. 이러한 사실은 에하라도 인지하고 있었다.

광무 11년 7월 21일 순종황제는 즉위일에, 퇴위하는 고종에게 다음과 같은 조칙을 발하여 태황제라는 존칭을 봉책했다. 즉 조칙을 내리기를, "이미 대조의 처분을 받들었으니 태황제의 존봉의절을 궁내부 장례원으로 하여금 도감을 설치하여 거행하도록 하라"고 했다.

고종이 홍거했을 때 올린 태황제라는 존호는 다만 중복해서 받든 것에 지나지 않으므로 무의미하다는 것이다. 태황제라는 존호의 효력은 '일한병합' 직전까지로 한정할 수밖에 없다는 논리이다. 그전에 행한 존호의 봉책은 주권을 지닌 대한제국 황실의 고유 권한임을 부정할 수 없기 때문이다. 이를 인정한 에하라는 또 "후세에 그 일의 내력을 서술하는 데 일정 기간 내의 존호를 습용했다는 것은 차라리 당연한 일로서, 결코 참오하지 않다고 믿어진다. 그리고 묘호는 일가一家의 사호私號이기 때문에 달리 용훼容喙, 간섭해 말참견을 함할 여지가 없다"고 했다.

그런데 문제는 경술국치 이후에 봉책된 시호의 경우이다. "다만 시호에 이르러서는 순종황제 퇴위 후는 곧 주권을 상실한 후의 행동과 관계됨으로써 연혁적 이유에 의거하여 그 효력이 없기 때문에, 그것을 저 기술 속에 삽입할 수 없다는 것은 자명한 이치"라는 것이다. 경술국치 이후로는 순종이 주권자가 아니기 때문에 고종 사후에 순종이 올린 존시 8자는 고종의 시호에 포함할 수 없으므로 "이미 만들어져 성안된 실록 모두의 기술문은 시호 8자를 삭제해야 한다"고 주장했다.

이러한 견해를 종합해볼 때, 에하라는 실록의 표첨문에 있는 제명題名은 다음처럼 해야 한다고 말했다. 즉 제1기 실록은 『고종태황제실록』, 고종 퇴위 이후인 제2기는 『순종왕실록』에 편입해야 옳다는 것이다. 그리고 『순종실록』은 황제 즉위부터 퇴위까지를 제1기로 하여 『순종황제실록』이라 하고, 퇴위 후 훙거까지를 제2기로 하여 별책으로 『순종왕실록』이라 하여 구분했다. 『순종실록』에서 제1기의 하한인 퇴위는 한일합병 이후 대한제국을 대표하던 순종황제가 창덕궁이왕으로 격하된 사실이 퇴위와 다름없으므로 그같이 표현한 것이다.

그렇다면 경술국치 이전과 이후를 엄밀히 구분해 그 이후의 시호를 부정하고자 하는 이런 주장은 왜 제기되었을까? 에하라도 밝혔듯이 이는 일본 황실에 대한 대의명분을 주장하고자 한 것이었다. 이러한 논리를 뒷받

침하기 위해서는 실록 첫머리의 기필문자起筆文字, 글을 시작하기 전 첫머리의 문자와 표첨문자表簽文字에서 더 나아가 실록 내용의 기술에도 시호의 기재 방식을 확대 적용할 필요가 있었다. 각 시대별로 양 왕의 자격을 중심으로 그것에 해당하는 역사 기술상 일정한 문자를 사용해야 한다는 것이다. 그러면서 그는 노골적으로 속내를 드러냈다. 그가 마지막에 첨언한 내용을 살펴보면, 대한제국 황실이 일본 황실에 편입된 시점을 기준으로 그전에 존재하던 대한제국의 지위까지 부정하고자 하는 소급론을 제시한 것이다.

이에 사족을 첨언하자면, 아직도 최후로 남아 있는 문제는 메이지 43년 8월 29일의 조칙에 근거한 양 왕의 자격 변경은 그 효력이 소급되어 양 왕의 구관호舊官號, 한일합병 이전의 시호가 소멸될 것인지 여부의 문제가 그것이다. 만약 소급된다면, 본 논의는 모두 성립하지 않을 것이다. 만약 소멸론에 의거한다면, 양 왕의 최후 자격을 기준으로 기필해야만 한다. 그렇게 한다면 전술한 시호는 물론 존호를 삽입할 수도 없다. 다만 묘호를 남겨두어 『고종태왕실록』『순종대왕실록』이라고 할 수밖에 없다. 대개 비소급론非遡及論에 따르면, 국왕의 자격 변경에 두 종류가 있는데, 하나는 사망이고 다른 하나는 퇴위이다. 이태왕李太王은 양위로 말미암아 그 자격을 변경하고, 이왕李王은 두 나라의 병합으로 말미암아 그 자격을 변경했다. 그러므로 두 왕은 공히 그 재위, 즉 주권이 존재하던 중中을 표준으로 하고, 그 나머지는 그것을 병기한다면 공히 황제의 존호를 붙여도 감히 참오하다는 비방을 면할 수 있다고 생각한다.

에하라가 논하려는 것은 일본 황실의 대의명분상 대한제국 황제에서 이태왕으로 격하된 한일합병 때를 기점으로 그 효력을 소급하여 대한제국 황제의 칭호를 없애고자 하는 소멸론이었다. 에하라의 소급론은 당시 조선총독부의 입장을 대변했다. 민족의 자주성과 독창성을 부정하는 문화와 역사 말살정책을 펼치고 있던 조선총독부는 결코 대한제국의 황제국 지위를 인정하려 하지 않았다. 그리하여 한일합병 이전의 황제 칭호를 없애고 고종을 태왕, 순종을 대왕이라 하여 실록명을 삼겠다는 의도를 처음부터 가지고 있었다.

그러나 이왕직 실록편찬위원회나 총독부 내에는 현실을 직시하고 역사적인 사실 그대로 쓰자는 온건론자들이 있었다. 그들이 비소급론을 주장한 배경에는 당시 한국민의 저항의식과 사회적 분위기가 상당한 영향을 미쳤다. 순종의 장례가 국장으로 거행된 데서 알 수 있듯이, 한국민은 순종을 대한제국의 마지막 황제로 인식했다. 당초 총독부는 순종의 상례를 궁중상宮中喪으로 고시했다가 이를 곧바로 수정하여 국장으로 바꾸었다. 이 변경 조치는 한국민의 저항을 우려했기 때문으로 풀이된다. 더욱이 신간회 사건과 광주학생독립운동 등 전국적인 규모의 항일 독립운동과 각계의 저항운동이 활발히 전개되는 상황이었으니, 총독부의 소급론은 벽에 부딪힐 수밖에 없었다. 결국 총독부에서는 소급론을 철회하고 비소급론을 수용하기에 이르렀다.

그렇지만 비소급론 자체도 절충안에 지나지 않았다. 한일병합은 불법협약으로 원천무효라는 한일 지식인 선언처럼, 국권침탈 이후 대한제국 황실을 조선왕실로 격하시킨 것 또한 원천무효여야 한다. 일제 강점기의 대한제국은 순종이 붕어함으로써 단절된 것으로 보아야 하는 것이다. 따라서 비소급론자들의 주장대로 『순종실록』을 『부록』으로 처리하여 이왕가의 지위를 적용한 것은 모순이다. 그들은 눈속임으로 『부록』의 제첨에 '순종효황제실록'이라 기록했다. 그들의 음흉한 술수로 그럴듯하게 겉포장을 꾸민 것이다. 『순종실록』으로 명명하고 황실의 지위에 맞게 역사를 기록해야 정당한 것인데도 그들은 또하나의 역사왜곡을 무단으로 저지르고 말았던 것이다.

흥선대원군도 왕이다

영조 연간의 봉원지례封園之禮는 사친의 묘墓를 원園으로 봉하는 예를 국가의례의 차원에서 처음으로 시행했다. 묘묘廟墓를 궁원宮園으로 격상하는 데 따른 여러 의식과 절차는 식례뿐 아니라, 『국조속오례의國朝續五禮儀』와 『춘관통고春官通考』에도 수록해 국가의 전례로 제도화했다. 이 식례의 편찬은 영조의 사친에 대한 효제가 국가의 법적·제도적 의례로 공식화되었음을 선포한 것이다. 그럼으로써 군신간의 질서체계는 더욱 확고해져 왕실의 안정된 기반을 마련해 나갈 수 있었다.

이후 정조 연간에는 즉위년과 2년에 사도세자의 묘인 수은묘가 영우원으로 봉원되고, 효장세자 모친의 묘묘도 수길원과 영우원으로 봉해졌다. 그후로는 더이상 사친에 대한 추숭이 단행되지 않다가, 흥선대원군을 추숭하면서 재현되었다. 왕으로 추봉한 후에 천봉하고, 묘墓를 흥원興園으로 승격시킨 것이다. 능으로 승격시키지 못한 것은 조선의 제후인 왕이 사용하던 능陵의 호칭이 대한제국의 성립으로 자연스럽게 황제의 칭호로 바뀌었기 때문이다.

대한제국에서 왕과 비로 책봉하는 근거는 무엇이었을까? 일설에는 황제의 아들들의 칭왕이 일제의 황실전범皇室典範에 수록된 친왕親王 제도에 근거한다고 한다. 친왕은 황태자를 제외한 황제의 아들이나 형제에게 부여하는 작위이다. 메이지 22년1889 2월 11일에 발효된 황실전범은 황위皇位의 계승 순위 등을 규정하고 있다. 제6조와 제7조에 의하면, 친왕은 천황의 정비에게서 난 황자와 그의 정처에게서 낳은 아들 그리고 천황의 형제가 해당되었다. 그러나 영친왕과 의친왕, 완친왕 등은 이 범주에 속하지 않으므로 이들의 왕칭은 일제의 친왕 제도에 근거한 것이 아니다.

대한제국의 친왕 범주는 중국의 수당隋唐 이래로 시행된 봉작제封爵制와 일치한다. 『고종실록』에 보이는 황태자 혹은 친왕과 관련된 기사를 살펴보자.

① "삼가 『황명회전皇明會典』을 상고하면, 홍무 원년에 태사太師, 태부太傅, 태보太保의 세 스승이 황태자에게 축하 조회를 하는 의식을 토의한 데서 '태사, 태부, 태보의 세 스승과 빈객賓客은 북쪽을 향해 서고 황태자는 일어서서 남쪽을 향한다'라고 했고, 홍무 29년에 친왕들이 황태자를 만나는 의식을 토의한 데서는 여러 왕이 북쪽을 향해 서면 황태자는 남쪽을 향한다고 했으니 그 절차를 알 수 있습니다."

② "가정 7년 효결황후 (…) 가정 26년 효열황후의 상복은 모든 관리가 다 단을 박지 않은 거상옷을 27일간 입고 벗었습니다. 친왕과 군왕郡王, 세자, 왕비 이하는 단을 박지 않은 거상옷을 27일간 입고 벗었습니다."

③ "친왕을 책봉하는 의식 절차를 마련해야겠는데, (…) 영왕英王은 나이가 어리므로 이제 이 규례에 근거하여 진행하되, 책문과 인장을 받을 때 전례대로 쌍동계雙童髻, 어린아이가 머리를 위에서 좌우로 틀어올린 머리 형태를 하고 공정책空頂幘, 덮개가 없이 윗부분이 비어 있는 관冠으로서 왕세자가 사용함을 쓰며, 칠장복七章服, 일곱 가지 무늬를 수놓은 왕세자의 예복 차림으로 의식을 진행하도록 마련하는 것이 어떻겠습니까?"

①은 황태자 책봉 후의 하례에 관한 기사인데, 그 의식 절차를 『황명회전』을 통해 상고하고 있다. ②는 장례원경 김영목이 제의한 황후의 복제인데, 역시 중국 명나라 세종 때인 가정 연간의 사례를 예시하고 있다. ③은 영왕을 책봉하는 데 그의 나이가 어려 쌍동계와 공정책을 사용하고 내책의內冊儀, 왕세자가 너무 어려 세자궁에서 거행하는 책봉의식를 시행하기로 한 것으로, 이 의례 또한 중국 당나라 이래로 행해오던 제도였다. 황태자나 황후, 친왕의 의례는 대체로 명나라의 의례를 차용한 것이다. 실록 어디에고 일제의 황실전범에 근거하거나 이를 따랐다는 기사는 찾아볼 수 없다. 따라서 대한제국의 봉작제는 중

국 제도를 전범으로 삼았다고 하겠다.

흥선대원군과 여흥부대부인은 광무 2년에 죽었지만, 이때에는 추봉이나 상시上諡, 죽은 사람에게 시호를 올리던 일 등의 의절을 갖추지 않았다. 고종이 퇴위하고 순종이 즉위하면서 고종을 태황제로 높이고 존호를 올리는 의례를 거행하자, 고종의 생부에 대한 예우가 문제되었을 것으로 보인다. 위의 봉작제에 따르면, 고종의 사친인 대원군은 봉작의 범주 내에 포함되어 있지 않았다. 그렇다면 예우의 기준에 대한 논의가 우선 필요했을 텐데, 그에 관한 기록은 눈에 띄지 않는다. 다만 다음 기사를 참조해보면, 그의 예우에 대한 고민과 해답을 짐작할 수 있을 것이다.

순종은 즉위 직후에, "임금의 장인 지위가 종친, 의빈儀賓, 왕족의 신분이 아니면서 왕족과 통혼한 사람과 같지만 대우는 특별하므로 현재의 새로운 관제에서는 일정한 규정이 있어야겠다. 대체로 공적인 대우에서 부원군府院君은 친왕과 같고 부부인府夫人은 친왕비親王妃와 같게 하는 것으로 규례를 정하여 관보에 게재하는 것이 좋을 것 같은데, 경들의 의사는 어떠한가?"라고 하여, 부원군과 부부인의 예우 규정을 마련하고자 했다. 이때 임금의 장인인 부원군은 공적으로는 친왕과 같은 대우를 하기로 결정했다.

그렇지만 대원군을 부원군과 동등한 지위로 인정한다고 하더라도, 친왕과 대원군의 혈연 관계를 고려할 때 대우를 같게 하는 것은 곤란하지 않았을까 생각된다. 그리하여 친왕에 준하여 왕과 비로 추봉하되, '대원大院'이라는 칭호를 그대로 두었다. '대원왕'과 '대원비'라는 칭호는 동아시아에서 그 사례를 찾아볼 수 없다. 대한제국에서 유일하게 사용한 고유의 칭호이다. 이러한 정명定名은 아마도 제왕諸王과 구분하고자 했기 때문일 것이다.

7

묘호의 의미

국민이 이해하고 동의하는 가치와 명분으로 정통성을 세워 나갈 때, 그 대통령과 정권은 선시를 받을 수 있을 것이다. 그 평가는 국민이 가지고 있는 신성불가침의 권리인 투표권 행사로 나타난다. 민의에 의해 대통령의 선악과 시비를 평가하는 오늘날, 묘호가 주는 교훈과 가치는 그래서 여전히 유효하다. 이를 아는지 모르는지 사람들은 묘호를 앞에 두고 무심하게 스쳐지나간다. 두려운 역사의 존재라는 것을 잊고서 말이다.

王世子定字

구한말에 영의정을 지낸 이유원은 "벼슬과 상賞은 후세까지 미칠 수 없고, 형벌은 한때를 경고하는 데 그칠 뿐이다. 그런데 미시美諡와 악시惡諡는 한번 정해지기만 하면 그에 따른 영욕의 이름이 영구히 지워지지 않는다"고 했다. 시자에 선악이 새겨져 있다니, 역사의 평가가 얼마나 무서우면서도 잔인한가. 우리 조상들은 이를 일찍이 알고서 정당한 평가를 주저하지 않았다. 이 교훈이 후손들의 삶을 보다 윤택하게 해줄 것이라는 믿음이 있었기 때문이다.

그런데 조선시대에는 미시만을 올려 역대 국왕의 묘호가 모두 아름다운 뜻을 지녔다. 정도의 차이는 있었겠지만 분간하기가 쉽지 않다. 정종의 시자인 '정定' 자는 '안민대려安民大慮'라는 해의를 지니고 있다. '백성을 편안하게 하고 크게 염려했다'는 뜻이다. 단종의 '단端' 자는 '수례집의守禮執義'라는 해의로서, '예를 지키고 의를 잡았다'는 뜻이다. 이러한 평가는 어느 왕에게나 적용할 수 있는 매우 평범한 수준에 지나지 않는다. 사후 욕된 삶을 살다가 복권된 왕들을 굳이 폄하했을 리 없지만, 공정한 평가가 단행되었다고 보기는 어렵다.

어쨌든 시자에는 고대로부터 인간들이 사회와 국가를 조직하고 운영하면서 쌓아온 무수한 경험들이 온축되어 있다. 천 년 이상을 이어서 유지해 온 시법과 묘호 제도가 생명력을 갖는 이유는 무엇일까? 아마도 유교의 냉철한 역사관과 그 평가의 가치, 효용성 때문일 것이다. 세世, 중中, 인仁 등 시자 한 글자가 갖는 역사의 함의는 대단히 크다. 한 글자로 국왕의 평생의 업적을 재단하여 포폄하는 정신이야말로 본받아야 할 교훈이다.

또하나 주목해야 할 점은 왕권의 정통성 문제이다. 성종과 인조는 종법에 어긋난다고 해서 왕권의 정통성을 확보하기 위해 왕이 아닌 생부를 왕으로 추숭했다. 그들이 덕종과 원종이다. 많은 반대를 무릅쓰고 결행했다. 종법상의 흠결을 치유하고자 한 것이다.

묘호의 이러한 성격 때문에 국왕들은 이를 두려워했다. 국가와 왕권의 기초 수립에 절대적인 요소로 작용했던 묘호는 그야말로 터잡이 구실을 했다. 한갓 이름인 듯이 보이나, 묘호는 국가와 사회의 운영원리를 배경으로 거대 담론을 형성했다. 그래서 정통의 묘호를 갖는 일에 군신의 노력은 신중했다. 묘호는 당시의 유교윤리와 국가이념, 통치철학, 역사 등 인간의 사고를 통섭하는 가치판단으로 빚어낸 창조물인 것이다.

묘호 제도는 대한제국의 순종에게 올린 것을 마지막으로 더이상 시행되지 않았다. 1926년 5월에 순종의 묘호는 순종純宗과 경종敬宗, 성종誠宗 삼망 중에서 수망으로 낙점되었다. 시책문을 보면, '사사왕 신嗣嗣王臣'이라 했는데, 사사왕은 곧 이은李垠이다. 순종 붕어 직후 그의 작위는 이왕은전하李王垠殿下로 제정되었다. 이은이 순종의 지위를 계승함으로써 왕통을 이어나갔던 것이다. 따라서 묘호만으로 보면, 고종과 순종의 지위는 그전의 황제로서의 지위와 다름없다. 적어도 선왕의 유제遺制인 묘호와 시호의 예법을 수호하면서 그 지위를 유지해 나감으로써 적통의 고종과 순종은 대한제국을 상징하는 황제로서의 지위를 잃지 않았다. 그러나 이왕 은은 이미 격하된 이왕의 지위를 계승하고 복권될 기회를 상실하여 결국 대한제국 황실의 정통성은 단절되고 말았다.

그렇다면 광복 이후 탄생한 대한민국 대통령들은 어떨까? 이들의 사후, 조선의 역대 국왕처럼 묘호를 올린다면 과연 어떤 시자가 주어질까? 미국에서는 여론조사와 개인의 판단에 의하거나 대통령의 업무수행을 기초로, 객관적인 평가자료를 세워 행한 역대 대통령에 대한 평가보고서가 다양하게 제출되어 있다. 그 평가 결과는 비록 거칠게는 선악과 성패의 이분법적 표현을 담고 있더라도 과거를 냉정하게 평가하고 미래를 설계한다는 점에서 그 의미가 크다. 그런데 우리는 어떠한가? 좌우 이념대립이 첨예한 것은 예나 지금이나 어쩌면 그리 같을까. 도덕성과 윤리성의 결여, 그리고 과도한 비상식으로 공정성을 무자비하게 해치는 풍조 또한 교정하려면 아득하다. 이처럼 개인의 자유와 행복을 보장할 수 없는 여건에서 역대 대통령의 시자를 논할 수 있을까?

평가보고서가 없다고 하더라도 정보의 홍수 속에 사는 요즈음, 냉정한 시각으로 역대 대통령의 공과를 평가하는 일은 불가능한 일이 아니다. 국민의 정부 출범 초기에 정권의 정통성에 대한 논란이 크게 일었다. 그때 그들은 자기 정권의 정통성을 상해임시정부에 둔다고 발표했다. 현 정부는 '잃어버린 10년'을 외치면서 대선에서 승리해 정권을 수립했다. 10년 전이라면 문민정부를 가리킨다. 그리고 건국 대통령을 추앙하면서 역사의 정통성 바로세우기에 나섰다. 이처럼 현대에도 각 정권마다 정통성을 확립하려는 노력이 치밀하게 기획되지만, 성공을 장담할 수는 없다. 국민의 자발적 지지와 참여를 유도하려면 이것만 가지고는 불충분하다.

재임기간 중 대통령의 공과와 그에 따른 상징은 정권의 성패를 가름한다. 자유, 민주주의, 경제 등 현대인의 삶의 질을 높일 수 있는 가치와 명분을 주입하고 구현하는 일에 주저가 없어야 할 텐데, 그에 반하는 행태를 보인다면 국민의 일반적 지지를 이끌어낼 수 없다. 국민이 이해하고 동의하는 가치와 명분으로 정통성을 세워 나갈 때, 그 대통령과 정권은 선시善諡를 받을 수 있을 것이다. 그 평가는 국민이 가지고 있는 신성불가침의 권리인 투표권 행사로 나타난다. 민의에 의해 대통령의 선악과 시비를 평가하는 오늘날, 묘호가 주는 교훈과 가치는 그래서 여전히 유효하다.

이를 아는지 모르는지 사람들은 묘호를 앞에 두고 무심하게 스쳐지나간다. 두려운 역사의 존재라는 것을 잊고서 말이다.

1 태종은 종법에 의하면, 왕조의 시조인 태조의 첫 적통을 가리킨다. 따라서 태조를 칭하는 왕이 앞서 존재해야 원리에 맞다. 그러나 그 당시에는 종법에 따른 왕위 계승에 대한 인식이 부족했다.

2 소순(蘇洵): 중국 북송의 문인(1009~1066). 당송 팔대가의 한 사람으로, 요벽(姚闢)과 함께 『태상인혁례太常因革禮』를 편집했다.

3 삼소삼목(三昭三穆): 종묘(宗廟)에 모신 신위(神位)의 차례. 태조의 사당을 중심으로 왼편에 있는 이세(二世), 사세(四世), 육세(六世)의 사당인 세 소(昭)와, 오른편에 있는 삼세(三世), 오세(五世), 칠세(七世)의 사당인 세 목(穆)을 이른다.

4 소목(昭穆): 왼쪽 줄을 소(昭)라 하고, 오른쪽 줄을 목(穆)이라 하여 1세를 가운데에 모시고 2세, 4세, 6세는 소에 모시고, 3세, 5세, 7세는 목에 모신다.

5 유우(有虞): 순(舜)임금의 씨(氏). 순은 중국의 삼황오제(三皇五帝) 신화 가운데 오제의 마지막 군주이다. 주로 선대의 요(堯)와 함께 성군(聖君)의 대명사로 일컬어진다.

6 요(堯): 중국 고대 전설상의 임금. 성덕을 갖춘 이상적인 군주로 꼽히며, 역법을 정하고 효행으로 이름이 높았던 순(舜)을 등용했다.

7 전욱(顓頊): 중국 고대 전설에 나오는 오제의 하나. 황제(黃帝)의 손자로, 20세에 임금의 자리에 올라 처음 고양(高陽)에서 나라를 일으켰으므로 고양씨(高陽氏)라 불렸다.

8 표전 문제: 명나라에 사은, 경하하고자 올리는 표전문에 사용한 문자가 무례하다는 트집을 잡아 사신들을 억류하고 위압한 사건.

9 주자는 춘추필법에 입각하여 『자치통감강목』을 저술했는데, 측천무후의 재위기간에는 '당 몇 년'이 강(綱)에 해당하며, 연호는 강에 기록하지 않고 목(目)에 기록했다. 주자는 측천무후를 정통으로 인정하지 않았기 때문에 이와 같은 기록방식으로 폄하하는 뜻을 나타냈다.

10 흑단령(黑團領): 벼슬아치가 입던 검은색의 단령. 단령은 깃을 둥글게 만든 조

선시대의 관복이다.

11 오사모(烏紗帽): 사모(紗帽). 고려 말기에서 조선시대에 걸쳐 벼슬아치들이 관복을 입을 때에 쓰던 모자. 검은 사(紗, 생사로 짠 얇고 가벼운 비단)로 만들었는데 지금은 흔히 전통 혼례식에서 신랑이 쓴다.

12 흑각대(黑角帶): 조선시대에 종3품 이하의 벼슬아치나 구실아치의 공복(公服)과 5품 이하의 조복(朝服), 제복(祭服), 상복(常服)에 두르던 띠. 흑각(黑角, 검은 물소의 뿔)으로 만들었다.

13 흉배(胸背): 조선시대에 문무관(文武官)이 입는 관복의 가슴과 등에 학이나 범을 수놓아 붙이던 사각형의 표장(表章).

14 종계변무(宗系辨誣): 조선 건국 초기부터 선조 때까지 2백여 년간 중국 명나라에 잘못 기록된 이성계의 세계(世系)를 고쳐달라고 주청하던 일. 명나라 『태조실록』과 『대명회전』에는 이성계가 고려의 권신 이인임의 아들로 되어 있어, 여러 차례 고칠 것을 요구하였으나 명나라에서는 『태조실록』은 고칠 수 없다고 거절해왔는데 선조 17년(1584)에 주청사 황정욱 등을 보내어 바로잡았다.

15 김일경 무고: 경종 원년에 소론 김일경과 박필몽 등이 노론 4대신과 대리청정을 제기한 조성복을 역모로서 공격하는 상소를 올려, 노론 4대신과 조성복은 위리안치되고, 그 외 연루자 50~60명이 처벌된 사건.

16 목호룡 고변사건: 경종 2년(1722)에 목호룡이 경종 시해 음모를 고변하여 벌어진 사건. 노론 4대신인 이이명, 김창집, 이건명, 조태채 등이 사형을 당하고 2백여 명이 살육 혹은 가혹한 형벌을 받았다. 이를 신임사화라고 한다. 1724년(영조 즉위년) 영조가 즉위하자, 드디어 이 모략이 탄로나 김일경, 목호룡 등은 사형되었다.

17 무신란: 영조 4년(1728)에 영조를 제거하고 노론정권을 타도할 목적으로 일어난 반란 사건. 소론과 남인의 과격파들이 노론세력이 영조 즉위의 정치적 명분과 권력을 차지하게 된 사태에 대해 극도의 위기감을 느끼고, 하삼도를 중심으로 경종의 복수와 밀풍군 추대를 명분으로 반란을 일으켰으나, 곧 진압되고 말았다.

'키워드 한국문화'를 펴내며

'키워드 한국문화'는 한국의 역사와 문화를 재발견하는 작업이다. 한국문화의 정수를 찾아 그 의미와 가치를 정리하는 일이다. 한 장의 그림 또는 하나의 역사적 장면을 키워드로 삼아, 구체적인 대상을 통해 한국을 찾자는 것이다. 처음 소개되는 것도 있을 것이고, 잘 알려져 있더라도 이제야 그 진면목이 드러나는 것도 있을 것이다. 영상과 멀티미디어에 익숙한 현대적 감각에 맞추어 시청각자료를 풍부히 활용하고자 했다. 우리 것이니 당연히 알아야 한다는 의무감에서가 아니라, 같은 땅에 살았던 사람들의 삶의 이야기를 조근조근 들려주어 자연스레 책을 펼쳐볼 수 있게 했다. 이로써 멀게만 느껴졌던 인문학과 독서대중의 간극을 좁히고자 했다.

한국문화를 전혀 모르는 사람들에게나, 어렴풋이 알고 있다고 생각하지만 선입관에 사로잡힌 사람들에게, 또 좀더 깊이 알고자 하지만 길을 찾지 못하는 사람들에게 '키워드 한국문화'는 좋은 안내자가 될 것이다. 한국이 어떤 나라인지 묻는 외국의 벗에게 이 책 한 권을 건넴으로써 대답을 대신할 수 있을 것이다. 책이 한 권 한 권 간행될수록 한국문화의 특징과 아름다움이 더욱 선명히 모습을 드러내리라 믿는다. 책으로 만든 '한국문화 특별전시관'의 완공을 손꼽아 기다린다.

키워드 한국문화 기획위원

김문식, 박철상, 신수정, 안대회, 정병설

키워드 한국문화 7

왕의 이름, 묘호

1판 1쇄 | 2010년 12월 24일
1판 3쇄 | 2017년 8월 8일

지은이 임민혁
펴낸이 염현숙

책임편집 구민정 | 편집 김춘길 오동규 | 독자모니터 황치영
디자인 엄혜리 한충현
마케팅 이연실 김도윤 | 홍보 김희숙 김상만 이천희
제작 강신은 김동욱 임현식 | 제작처 영신사

펴낸곳 (주)문학동네
출판등록 1993년 10월 22일 제406-2003-000045호
주소 10881 경기도 파주시 회동길 210
전자우편 editor@munhak.com | 대표전화 031)955-8888 | 팩스 031)955-8855
문의전화 031)955-2696(마케팅) 031)955-2671(편집)
문학동네카페 http://cafe.naver.com/mhdn | 트위터 @munhakdongne

ISBN 978-89-546-1367-5 04900
978-89-546-0990-6 04900 (세트)

* 이 도서의 국립중앙도서관 출판시도서목록(CIP)은 e-CIP 홈페이지(http://www.nl.go.kr/ecip)에서
이용하실 수 있습니다.(CIP제어번호: CIP2010004566)

www.munhak.com